教養みらい選書 008

居場所のなさを旅しよう

磯前順一

世界思想社

はじめに

私は、茨城県水戸の魚屋の子として生まれました。江戸時代の終わりからずっと魚屋だったそうです。父親は「勉強なんかしなくていい。店を継げばいい」と言っていました。父は働き者でしたが、残念なことに、酒を飲むと暴れてしまう人でした。だから、両親の仲は悪く、家のなかはどなり声やののしり合う声が絶えず、居心地が悪いものでした。私は、父も母も大好きでしたが、家のなかで落ち着くことはできませんでした。

そんな私が心の支えにしていたのは、「ドリトル先生」です。ドリトル先生は、イギリスのヒュー・ロフティング（一八八六―一九四七）という作家がつくりだしたキャラクターで、「沼のほとりのパドルビー」という小さな港町に住む動物の言葉がわかるお医者さんです。動物が大好きなドリトル先生はウサギやネズミ、牛や馬、アヒルやブタなどたくさん飼っているため人間の患者が寄りつかなくなり、どんどん貧乏になってしまいます。そんな先生を町の人びとは「いまじゃ文なしで、靴下だって穴だらけ」と笑いました。しかし、先生のもとには、いろいろな動物たちがやってきて、彼らにとって切実なお願いをします。その願いに応えるため、先生は世界中を旅

川岸の石垣の上に腰かけ、航海を夢みるトミー・スタビンズ（ヒュー・ロフティング画）

することになります。

一九二二年に刊行されたシリーズの二作目『ドリトル先生航海記』（岩波少年文庫、一九六〇年）には、トミーという少年が出てきます。トミーは靴屋の息子で、貧しくて学校も行けません。でも、「いつおとうさんの家を出られる日がくるだろう」「そうしたら、あの勇ましい船に乗って、霧のたちこめた沼地を通って川をくだってゆき、海に出てひろい世界で私の運だめしをするのだ」（一七頁）とトミーは夢みています。トミーはドリトル先生と出会い、助手として住み込み、先生から読み書きを習い、やがて動物語も習得して、先生と一緒に世界各地を旅します。

この物語は、他の人からみすぼらしく見えたとしても、その人自身がみすぼらしいわけではないということを教えてくれました。ドリトル先生は居場所がないように町の人からは見られているけれど、ドリトル先生は世界中の動物たちと友だちになり、数々の大冒険をするのです。私はその冒険に参加できるトミーに憧れました。父と母がけんかをしているとき、私は布団のなかで泣きながら、この本を開きました。自分もいつか旅に出て、自分をわかってくれる仲間に会いたいと思いました。

中学生になったとき、勉強にあまりついていけませんでした。心配した母親は、大学生の家庭教師をつけてくれました。そのお兄さんは、コリン・ウィルソンの『アウトサイダー』という本を机に置きました。「先生、今日は数学を教えてくれるんじゃないんですか？」と私が驚いたら、「ちがうよ。きみに教えたいのは、人間の生き方さ」と言いました。

「アウトサイダーというのはね、社会の外側にいるってことさ。その人たちは社会の内側に上手く当てはまることができない。わかってくれる人が周りにいなくて、寂しいし苦しい。だから、どうして自分は生きているんだろうと悩んでしまう。きみもアウトサイダーかもしれないよ。それで、勉強に身が入らないのかもしれないね」と先生は言いました。「ええ？　ぼくってアウトサイダーなんですか？」。目からウロコという感じでした。

先生は、太宰治とか夏目漱石とか、カフカとかドストエフスキーとか、社会に上手く適応できない人たちの話をいっぱいしてくれました。彼らは社会に順応できないからこそ、人間の弱さや醜さ、そして美しさが見えた。だから、アウトサイダーでいることを恐れちゃいけない。寂しくて孤独な自分が格好悪く見えるかもしれないけど、それも自分だ。それを受け入れることがスタートだ。そんなことを教えてくれました。

でも、先生はひと月の授業を終えると、姿を見せなくなってしまいました。もしかしたら、母に「もう来なくていい」と言われたのかもしれません。でも私にはとっても良い授業でした。みんなと仲良くできなくても、自分が悪いわけではないんだと思うと、気持ちが少し軽くなりました。すると不思議なことに、勉強も少しずつわかるようになったんです。

エドワード・サイードというパレスチナ人の英語文学研究者がいます。この本のなかでも取り上げます。彼は、「批評（criticism）」とはその場所を支配している規則を疑うことだ、と言いました。これを「学ぶとは」と言いかえてもよいでしょう。学ぶとはその場所のルールを疑うことだ、と。みんなはそう言うけれど、それは正しいんだろうか？　疑う勇気をもつことが批評であり、学ぶことなんじゃないかと私は思います。

「友だちがいないやつは格好悪い」「居場所がないことは恥ずかしい」。はたしてそうなんでしょうか。そう疑えたらよかったのですが、残念ながら、高校生の私にはできませんでした。その頃、対人恐怖症で、相手の目を見るのが怖くて、友だちができませんでした。いつもビクビクしていて、断られたらどうしようと不安で、声をかけることができませんでした。だから、修学旅行も行きませんでした。居場所がないことをばれるのが、怖かったんですね。

窮屈な水戸の町から出たいと思った私は、静岡の大学に進学しました。あるとき、ザ・タイガースという日本のグループ・サウンズの映画『ザ・タイガース　世界はボクらを待っている』を見ました。すっかり感化されて、「そうか、世界がぼくを待っているんだ」と胸が熱くなりました。またあるときは、本宮ひろ志の漫画『俺の空』を読みました。これはヒッチハイクでいろんな人と出会って成長していく話なんですね。これを真に受けた私は、仲間と「ヒッチハイクに行く友の会」というのをつくりました。ルールはひとつだけ。ひとりで行くこと。友の会だけど絶対に一緒には行かない。週末になると東名高速道路に立って、トラックの運転手に「乗せてください」と頼んで乗せてもらいます。戻ってくると、仲間で集まって、各々の体験談を話します。馬鹿みたいな話ですけれども、あの頃、私は旅を無性に欲していました。旅というより、逃げ出したい、というのが本当のところだったかもしれません。

そうして私は、一九歳のとき、初めての外国、イギリスへと旅立ちます。それを皮切りに、アメリカ、ドイツ、スイス、韓国、中国、シンガポール、南アフリカ、ドバイと旅を続けてきました。もし、自分の居る場所が心地よいものだったら、こんなに旅をしなかったでしょう。旅をとおして、私は多くの人に出会い、心を許せる友人も得ました。旅をしなかったら、これらの素晴らしい出会いはなかったでしょう。

だから私は今こう思っています。居場所がなくても、若い人はそんなこと気にしなくていい。なぜならば、居場所のなさを感じている者同士が出会い、勇気をもって心を相手に開くとき、その居場所のなさの感覚こそが新たな絆をもたらしてくれるからです。この本は、居場所のない私が、あちこち旅をした記録であり、心の軌跡でもあります。今自分が居る場所がなんだかしっくりこない人が、これを読んで「ああ、自分も生きていくことができる」「道はある」と思ってくれたらうれしいです。

目次

日本から離れて

装画　カシワイ
装幀　上野かおる

アウトサイダーになって

第1章　異星人としての経験

夏目漱石とデヴィッド・ボウイ

地球に落ちて来た男

デヴィッド・ボウイ（一九四七―二〇一六）というイギリスのロック・ミュージシャンを知っていますか。私がボウイを知ったのは、彼を世界的なトップスターにした『ジギー・スターダスト』（一九七二年）というアルバムを聴いたことがきっかけです。異星から地球にやってきた架空のロックスター「ジギー」が成功するものの最後は死んでしまうという作品です。ボウイは一九七〇年代に、エイリアンとしてとても有名になり、日本でも人気がありました。誰も自分のことを理解してくれないと感じていた若者が、ボウイの描いたエイリアンに自分を重ねたのでしょう。

ボウイは、一九七六年制作のイギリス映画『地球に落ちて来た男』に出演しています。ボウイが演じたのは宇宙人。故郷の星は水がなくなって、家族は死にそうになっている。ボウイ演じる宇宙人は水を持って帰るために、地球に派遣されます。変装しているので見た目は地球人と変わらないのですが、心が宇宙人なので、他の人の気持ちがわからないし、自分の気持ちも人にわかってもらえない。自分の正体を知れば、人間は自分を殺してしまうだろう。実際に、彼は正体がばれて、実験のモルモットにされてしまいます。そして、人間の姿から宇宙人に戻れなくなってしまいます。

この映画で恐ろしいのは、彼を手術した医師や彼の恋人はみんな年をとるのに、彼だけずっと年をとらないことです。やはり宇宙人なんですね。そして相変わらず、誰も彼の心のなかのことはわからないし、彼も周りの人の心はわからない。

私は一九八〇年、大学二年生のときに初めて外国に行きました。行先はイギリスのロンドンです。驚いたことに、『地球に落ちて来た男』が再上映されていたのです。ソーホーという当時ロンドン一の歓楽街にある映画館でした。私はそこに出かけて行きました。並んで待っているとロンドンっ子がたくさんやってきて、私も仲間のひとりなんだなあとうれしくなりました。ところが、私の後ろにいた高校生に「ジャップ（Jap）」と言われたんです。「ジャップ」というのは、「ジャパニーズ（Japanese）」の短縮形で、とくに第二次世界大戦時にアメリカなどでよく使われた、日本人を差別する言葉です。私はとてもいたたまれない気持ちになりました。高校生はずっとケラケラと笑っています。私はうつむいて、映画が始まるまで待っていました。

映画の主人公は、助けを求めて地球に来たけれども、仲間はおらず、見捨てられた。私は、なんだか自分も宇宙人のような気持ちになりました。見終わったあと、暗い気持ちで下宿に帰りました。私が住んでいたのは、ブリクストンという、テムズ川を南に渡ったところにある街です。そこは移民が多く、とりわけジャマイカや中南米から来ている人たちがたくさん暮らしていました。

その晩、怖い夢を見ました。金縛りにあって身動きできません。足元に真っ黒い影が立っていて、よく見ると鎧を着た侍なんです。侍が私をじーっと見ています。真っ黒なのですが、喉のところに光があるんです。怖い怖いと思いながらも喉の光を見ていると、光が大きくなっていくんです。その光はきらめく海面でした。波がきらきらして、とても綺麗なんです。暗闇の向こうには、自分を優しく受け入れてくれる命の源である海があるんだという奇妙な気持ちがしました。そこで私は思いきって、この海に飛び込みました。すると、目が覚めて、鎧武者も何も消えていました。私は人生で何か困ったことがあるとよく夢を見ます。落ち込んでいたその夜、暗闇の向こう側には光もあるんだという夢を見て、少し希望を感じたのでした。

エイリアンとしての夏目漱石

ブリクストンからさほど遠くないところにロンドン自治区ランベスのクラッパムという街があります。ここにある有名な文学作家が住んでいました。皆さんもよくご存知の夏目漱石です。一九〇〇年から一九〇二年にかけて、夏目漱石は東京大学の最も優秀な学生に与えられる栄誉として、ロンドンに留学しました。明治時代の後半といえば、日本は日清戦争（一八九四―九五年）や日露戦争（一九〇四―〇五年）に勝利して、植民地をもつヨーロッパの国々と並ぶように、中国や朝鮮半島に乗り出していった時期でした。そのぶん、「黄禍論《こうか》」と言って、日本人などアジア人に対する反発や差別も激しくなった時期でした。

夏目漱石という人は、『坊ちゃん』や『吾輩は猫である』のような大変おもしろい小説を書くと同時に、『こころ』や『明暗』のように、人間の心の闇を描いた人でした。彼が生まれたのは江戸時代の終わり、慶応三（一八六七）年です。そして、大正五（一九一六）年に四九歳で亡くなっています。胃がんであったと言われています。非常に大きなストレスを抱えていたんですね。夏目漱石は地球に住むエイリアン、つまり、この世に馴染めなかった人なんじゃないかと私は思っています。

夏目漱石はロンドンから帰国したのち、東京帝国大学の講師になります。夏目漱石の前任者はラフカディオ・ハーン（小泉八雲）で、ギリシア生まれアイルランド育ちのイギリス人で、英語を教えていました。ハーンは「雪女」や「耳なし芳一」の再話で有名なように、学者というよりエッセイストであり小説家でした。ロンドン大学で学んだ漱石が帰ってきたとき、ハーンは肩身が狭かったようです。その影響もあって解雇されたハーンの衝撃はよほど大きかったようで、その翌年には亡くなってしまいます。

一方、漱石も非常に苦しい思いをしました。学生たちが、話がつまらない、漱石がいなければハーン先生はクビにならなかった、と授業をボイコットしたそうです。大変な軋轢があり、やがて漱石は東大を辞めてしまいます。一九〇七年に朝日新聞社に入り、小説だけを書いて暮らすようになります。

のちに漱石に、東大から名誉博士号を贈るという話がありました。私の先生の先生にあたる、宗教学者の姉崎正治先生が、漱石の家に行って「くれるんだからもらいなさい」と言ったそうです。「おれはもらわないよ。東大からもらったら偉いと思ってんのか」と漱石は応えたと伝わっています。夏目漱石にとって、東大というのは居やすい場所ではなかったんですね。でも、考えてみてください。居場所がなかったからこそ、あんなに素晴らしい小説が書けたのかもしれませんよ。だとしたら、ちょっと格好いいじゃないですか。

漱石は小さい頃、二度も里子、養子にやられています。しかし、養父母の離婚により、結局は生家に戻ってきます。二〇歳過ぎまで、漱石だけ夏目姓ではなかったそうです。そういう生い立ちから、自分は取り替えがきく子どもなんじゃないかという疑念を拭い去ることができなかったようです。しかも、かつての養父は、成人した漱石のところにいく度もお金を無心に来ます。これは『道草』という自伝的な小説に書かれています。自分の親も養父母も、みんな自分を利用しているだけじゃないか。漱石はなかなか人を信じることができませんでした。

鏡のなかの一寸法師

私がロンドンに留学した当時、翻訳家でエッセイストの恒松郁生（サミー・恒松）さんと知り合いました。サミーさんは漱石の下宿のはす向かいのアパートを借りていました。「なんで漱石の部屋を借りないんですか？」と聞いたら、「借りている人がいるから入れないんだ」と、残念そうに言っていました。

私は大家さんと上手くいかなくて下宿を替わりたいなと思ったので、もしかしたらサミーさんのアパートに住まわせてくれるかなと期待したんですけど、世の中、そうは上手くいかない。「だめだよ」と言われてしまいました。でも、「代わりに、ちょっといい話をしてあげよう」と教えてくれたのが、漱石自身が語ったエピソードです。

> まず往来へ出て見ると、会うものも会うものもみんな背が高くて立派な顔ばかりしている。それで第一に気が引ける。なんとなく肩身が狭くなる。（中略）それから今度は変に不愉快な血色をした一寸法師が来たなと思うと、それは自分の影が店先の姿見に映ったのである。僕は醜い自分の姿を自分の正面に見て何遍苦笑したか分らない。（中略）そうしてそのたんびに黄色人とはいかにも好く命《つ》けた名だと感心しないことはなかった。

（「倫敦消息」一九一五年／『文鳥・夢十夜・永日小品』角川文庫、一九七八年、一六七頁）

漱石はロンドン大学に馴染めず、講義を聴きに行くのもやめてしまいます。もしかしたら英語を読めても、それほど上手くはしゃべれなかったのかもしれません。何十人も相手にする大学の授業を英語で聞いて理解するというのは大変なことです。それよりは本を買ったり借りたりして、下宿で読むというやり方が自分には向いていると、漱石は考えたのでしょう。

下宿屋を営む姉妹は、気は進まないけれどヨーロッパ人以外にも家を貸して、生活の糧にしようとしていました。漱石には下宿の生活も無味乾燥なものであったようです。

安下宿で切り詰めた暮らしをしていると「自分がだんだん下落するような情けない心持ち」になって、仕方なく散歩に出ます。表を歩きながら考えごとをする。店先の鏡に自分の姿が映っていることに気がつかない。なんと醜い男だな、と思ったら自分だった。醜いと思っているのは、他人だけじゃない。自分のなかに自分が受け入れられない部分があるのですね。それで漱石は――ここがいいのですが――笑ったんです。ユーモアですね。自分を笑える自分がいるうちは、まともと言えるかもしれません。

でも、最後には「夏目狂セリ」という噂がヨーロッパの日本人留学生の間で広まり、予定より早く帰国を命じられてしまいます。それほど精神的に追い込まれていたんでしょうね。サミー・恒松さんはそういう話をしてくれたあと、こう言いました。

「きみのように下宿を逃げ出したいとか、鎧武者の夢を見てしまうとか、そういうことは皆あるんだよ。それは、心のなかにすっきりしない異物を抱えているということだ。異物を抱えているから周りに馴染めないいんだけど、周りと違うからいろいろな風景が目に入ってくるんじゃないかい？」。

「なるほどなあ」と思って、私はなんとか一か月、もとの下宿のままで過ごすことができました。

鏡とアイデンティティ

日本に帰ってから、ジャック・ラカン（一九〇一—一九八一）という精神分析家の論文集『エクリ』（一九六六年）を読みました。皆さんはジークムント・フロイト（一八五六—一九三九）を知っていますか。フロイトはオーストリアの精神科医で、精神分析学の創始者です（フロイトについては第6章で取り上げます）。ラカンはフランスのフロイト派の代表的人物です。

ラカンは「私とは誰か？」という問いを立てました。そこで「鏡像段階（stade du miroir）」という言葉を使います。鏡というのはアイデンティティのたとえですね。私が思うに、アイデンティティというのは、英語では“identified with”から来ていて、誰かと一緒であることをとおして、初めて自分は自分らしさを実感することができるという意味を含んでいます。

「何と一緒か」というのは人間にとってとても大事だ、とラカンは考えます。「何と一緒か」を認識するときに、子どもが最初に使うのが鏡だというんです。そして、鏡に映ったものと自分は一緒だと思う。これで統一された自己イメージができあがるというのです。

でも、実際には鏡を見ている子どもなんてあまりいませんよね。お母さんに抱っこされてお母さんの顔を見る。そのとき、子どもはお母さんが自分だと思う。そして、お母さんというもうひとりの自分が、自分のことを見つめてくれているから安心して遊んだり、眠ることができる。お母さんが見えないとギャーと泣きだすのは、「自分を包んでくれる根源が消えちゃった！」と不安になるからでしょう。

この鏡像段階の理論は、さらにいくつかの段階に分けることができます。最初は赤ん坊の自己の統一イメージの形成。成長してさらに段階を経ると、自分のなかに他者を見いだすことになります。その他者は血色の悪い一寸法師だったり、お化けだったりするかもしれません。その他者とどんな関係を自分はつくるのか、それが青年期以降の人間が向き合うことになる課題です。

漱石の場合はどうでしょう。「こんな一寸法師、おれじゃないよ！」と思ったかもしれませんね。自分ではないはずの自分が映ったときに、ありのままの自分と、あるべき自分との間にズレが出てくる。そうした望ましい自分として期待するイメージとは違う、隠された自分のイメージを垣間見てしまったから、漱石は周囲の期待する東大の先生ではなくて、小説家になったのではないでしょうか。その謎、つまり複数の自分という謎を解くためにです。

夏目漱石は、ロンドン留学の産物として、一八世紀の英文学を講義する『文学評論』(一九〇九年)という本を出版しました。しかし、すでに一九〇七年には東大の講師の職を辞して、研究者としての生活を断念しています。その理由については、いろんな説がありますが、最も信憑性が高いのは、学者になる気がなくなったからという理由です。こんな文学理論を研究するより、向こう側の世界を実際に自分が書いてみたい。そう思ったとき、彼は学者から小説家へと踏み出したのではないかなと、私は思っています。『文学評論』とは、それまでの研究者生活の総括だったのでしょうね。

茨城弁訛りの英語

私はロンドンの下宿で友だちができました。ひとりはサウジアラビア人、もうひとりはトルコ人。トルコ人は下宿屋のおじさんから「七面鳥」というあだ名でからかわれていました。七面鳥は英語で「turkey」、トルコは「Turkey」で綴りが同じです。サウジアラビア人は私に、カセットレコーダー——当時はまだCDはありません——を「直せ、直せ」と言うんです。直せるわけないじゃないですか。でも「おまえは日本人だから、ソニーに勤めているにちがいない」と言うんです。そういうふうに、有色人同士でもお互いをステレオタイプなイメージで見ていました。皆英語でしゃべるのですが、訛りがあります。それを下宿のおじさんは馬鹿にしました。でも、ある日、おじさんの秘密を聞いたんです。おじさんはアイルランド移民で訛りがあって、ロンドンっ子からは笑われていたようです。だから、私やトルコ人やサウジアラビア人に対して、「おまえらよりはおれはイギリス人だぞ」といばりたかったんでしょう。居場所のない人が居場所のない人と仲良くなれるかというと、そう簡単でもない。自分よりもさらに居場所のない人をいじめてしまったりするわけです。

私は毎日からかわれながら過ごしていたのですが、ある日、語学学校の先生にこう言われたんです。

「ロンドンというのは、いろいろな国から来た人が働いているんだ。イギリスの植民地だった国の人たちも多い。だからいろいろな英語があっていいんだよ。まずは堂々としゃべって、言葉を交わすことが大事。ぼくたちの目的は、話しあって相手を知ることなんだ。言葉はその手段だから、言葉の上手い下手を競う必要なんかないんだ」。

それからずいぶんのちのこと、私がアメリカ西海岸のシアトルの大学で講演をしたときのことです。終了後にパーティがありました。大学を後援している日本企業の社長さんが私の隣に座りました。彼がこう言ったんです。「いやあ、いい話だったね。ところで、あなた、茨城の人でしょ?」。「えっ、なんで私が茨城出身ってわかるんですか?」と聞きました。「だって、訛ってるから」。「えっ、会ったばかりで、私の日本語の訛りわかるんですか?」と驚いたら、「違うよ。講演の英語が訛ってたんだよ」とにこにこするんです。「えっ、茨城弁訛りの英語でしたか?」

と、さらにびっくりすると、「うん、茨城弁丸出しの英語だね」と。じつは、その人も茨城の出身だったんですね。アメリカにずっと住んでいるけど、訛りが直らないそうです。

でも、彼は言ったんです。「あなたを馬鹿にしてんじゃないよ。いいじゃん。そういう訛りの英語がすごく良かったなぁと思ったんだよね。茨城で育った人が、シアトルに来て、アメリカの人たちに茨城訛りの英語で話している。なんだかうれしかったよ」。

彼と私との間に橋がかかった瞬間でした。

第2章　アイデンティティとは何か

スチュアート・ホールとホミ・K・バーバ

社会に存在するためのIDカード

夏目漱石のエピソードを取り上げて「鏡とアイデンティティ」についてお話ししました。それでは、「アイデンティティ（identity）」とは何なのでしょう。アイデンティティとは、「私は誰ですか？」という問いです。「あなたは誰ですか？」と聞かれたときに、皆さんならどう答えるでしょう。その答えが、今あなたが思っているアイデンティティです。

私の例で話してみましょう。「あなたは誰ですか？」と私が聞かれたら、「学校の先生です」「家庭では父親です」と答えることができます。私は研究者なので、「何の研究者ですか？」とも聞かれます。そのとき、「私は宗教学者です」と答えています。本当はそうじゃないと思っているところもあるのですが、「宗教学者です」と言うと、なんとなく皆に納得してもらえます。外国に行くと「なに人ですか?」と聞かれます。アメリカやヨーロッパでは、東アジア系の人が日本人なのか、韓国人なのか、中国人なのか区別がつかないんですね。ですから、「私は日本人です」と答えます。

ドイツのボッフム大学で研究員として、一年間住むことになったとき、おもしろいことがありました。登録住民票をつくってもらいに、役所に行ったときのことです。「あなたはどの宗教を信じていますか?」と聞かれました。私は多くの日本人と同じように、「特に宗教はありません」と答えました。そうしたら、担当者がとても困った顔をして、「あなたは革命とかテロを起こすような悪い考え方をもっているんじゃないか?」と、笑いながら聞いてきたんです。「そういうわけじゃないんですけど」と言いました。「あなたは日本人なんだから、仏教か神道じゃないのか?」とさらに聞くので、「私は一月一日に神社にお参りするだけで、別に神道を信じているわけではないんです」と答えました。「じゃあ仏教でどうだ?」と言われて、「お葬式しか行かないかな」と言ったら、「あなたは大丈夫か?」と心配されました。「そんなに神様の支えがなくて暮らしているのか」と。

そこで、私に付き添っていたドイツ人の大学教授が助け船を出してくれました。ドイツでは、信じていても信じていなくても、宗教をもっているというのが市民になるためのアイデンティティの条件なんだと。宗教がない(non religion)とか、無神論というのは、生きていることに否定的で、社会に馴染めないということと同じだととらえられてしまうそうです。仕方がないので、

「仏教徒だ」と答えました。すると担当者は「仏教徒か。よかった。もう帰っていいよ」と、住所を登録してくれました。

このように、アイデンティティというのは、社会に生きる者の身分証のようなものです。皆さんはＩＤカードをもっていますよね。学生証、保険証、運転免許証、メンバーズカード――そういうものすべてが私たちのアイデンティティをつくっています。つまりこの社会に存在する私はこういう人です、安心してくださいね、というのがアイデンティティなんです。

太平洋戦争中の日本では、「大日本帝国万歳！」「天皇陛下万歳！」と言っていれば日本国民でした。それを言わない人は、「非国民」＝国民ではない、とみなされました。そうなると、ご飯がもらえなくても、皆にいじめられても文句は言えません。社会に認められないというのは、とても怖いことです。

イン・ビトウィーンという存在

アイデンティティというのは、何かと一緒だ（identified with）という英語から来ていると、第１章で説明しましたね。このアイデンティティが、一九九〇年代くらいから大きな研究テーマになってきました。なぜか？　それは日本人、イギリス人、中国人…という、今までの国家を中心としたアイデンティティに収まらない存在が見えてきたからです。国民を主体としてつくられた国家を国民国家と言いますが、その枠に収まらない人々が声を上げはじめたのです。

こういう人たちは日本にもいます。たとえば在日コリアンの人たちです。在日コリアンの友人は言いました。「韓国に行くと、日本語しかしゃべれないから「おまえは韓国人じゃない」って言われる」。つらいですね。彼は在日三世として日本で生まれて、韓国語は話せないんです。一方、日本では、「キムチの臭いがするから、おれたちとは違う」とか「韓国へ帰れ」とか意地悪なことを言われたりする。そういうなかで在日コリアンの人のなかには、隙間に生きるとはどういうことかを真剣に考える人たちが一九九〇年代以降にたくさん出てきました。

どちらから見ても中途半端な存在のことを、ホミ・K・バーバ（一九四九―）というインド人の文学研究者が、「イン・ビトウィーン（in-between）」と表現しました。"between A and B"は「AとBの間」と訳しますね。AでもBでもない、その隙間という意味で、betweenの前にinが付く。居場所がない、居心地が悪い状態です。

ホミ・K・バーバ

バーバという人はインドのなかのマイノリティでした。インドはたくさんの民族から構成されています。バーバさんは、ペルシャ、今のイランから大昔にやってきたパールシーと呼ばれる人の一族だったんです。それぞれに民族の言葉があるため、インドの人の多くは民族語、ヒンドゥー語、英語の最低三つは話せるそうです。言葉は、私たちがなに人だということを証明してくれるものです。英語で「日本語」をJapaneseと言います。そして「日本人」もJapaneseですね。つまり、同じ言葉で考える人は同じ国民だと、考えられているわけです。じゃあ、三つの言語を話すバーバさんはなに人と言うんでしょうね。

インドは宗教が多様で、ヒンドゥー教徒が一番多いのですが、イスラム教、キリスト教、シーク教、仏教なども信仰されています。バーバさんは、ペルシャに起源をもつゾロアスター教徒で、その意味でもマイノリティです。そんなバーバさんは私たちにこう語りかけます。「イン・ビトウィーンでいいんじゃないの？」と。

皆さんもこういうことはありませんか。家庭で上手くいかないこと、学校で上手くいかないこと、アルバイト先で上手くいかないこと。「私は○○だ」とはっきり言えないとき、イン・ビトウィーンという隙間に落ちる。でも隙間に落ちることはそんなに悪いことなんでしょうか。

ひび割れた鏡に映るもの

次の写真の人はスチュアート・ホール（一九三二―二〇一四）というイギリスの社会学者です。彼はジャマイカ出身です。一九五一年にオックスフォード大学に進学するのを機に、ジャマイカからイギリスに移り住みました。そこで勉学に励み、大学の先生になります。彼は「カルチュラル・スタディーズ」という学問を始めたことで有名です。イギリス文化とか日本文化とか言っても、永遠不変のものではなく、時代や集団に応じてその性質を大きく変化させるという立場からの文化研究を指します。バーミンガム大学で一般市民向けの授業も行い、学校の外にも勉強する場所はいくらでもあるよ、ということを言いだした人でもあります。

一九九六年に、スチュアート・ホールさんが東京大学に来て講演をされました。講演といっても一方的に話すのではなくて、ラウンドテーブルに皆で座って話をするんです。私は当時、東京大学にいたので、たまたまスチュアート・ホールさんの隣の席で話を聴けました。私は無名の若手研究者で、名刺を交換する以外に言葉を十二分に交わす機会はありませんでした。その後、私はホールさんに「マジョリティとは誰のことか」という質問を書き、教えていただいたロンドンの自宅にFAXを送りました（当時はまだEメールが発達していませんでした）。そうしたら、「きみは中心（central）と周辺（marginal）をはっきり区別したうえで、その上下関係に憤っているような質問をしたけれど、中心と周辺ってそんなに絶対的なものなのかな？　もう一度考えてごらん」という返事をくれたのです。

スチュアート・ホール

アイデンティティについてさらに考えるために、一九九六年に刊行されたスチュワート・ホール、ポール・ドゥ・ゲイ

スチュワート・ホール、ポール・ドゥ・ゲイ編『カルチュラル・アイデンティティの諸問題』

編『カルチュラル・アイデンティティの諸問題（*Questions of Cultural Identity*）』（一九九六年／邦訳は宇波彰監訳、大村書店、二〇〇一年）という本を紹介しましょう。

私がこの本を初めて手にしたのは一九九八年、ロンドンに行ったときです。ホールさんはバーミンガム大学から、ロンドンのオープンユニバーシティ――日本の放送大学のようなもの――に異動して、学生や一般の人向けに授業をしていました。その教科書として書かれたのがこの本です。私はトラファルガー広場の書店で見つけて、買い求めました。

この本でホールさんは述べています。中心や周辺というアイデンティティもまた社会的状況に深く影響されるから、いくらでもその立場は入れ替わるものだ。アイデンティティというのは他者との関係で変わるものであって、自分だけの意識で決定できるものではないから、固定した意味合いを含むアイデンティティという言葉ではなく、アイデンティフィケーション（identification）――アイデンティティ化の過程――という言い方をしたほうがいい。ホールさんは、アイデンティティはつねにつくりかえられていくものだと言っているのですね。

原書の表紙はなんと鏡です。鏡に映る自分の姿を見る若い白人男性。しかしその背後に大きな黒い影がよぎる。まるで白人のアイデンティティをおびやかすように。左側にオウムがいます。オウムは思ったとおりのことを言ってくれます。それではいけないんじゃないか？　デヴィッド・ボウイの「Breaking Glass（鏡を壊せ）」という歌を反芻しながら、私はそう思いました。周りの人に求められていることを、ただオウムのように返すようなアイデンティティで満足していてはいけない、と。

ネイティブ・インフォーマント

二〇〇三年、私はハーバード大学のライシャワー日本研究所に、半年間在籍することになりました。ライシャワー日本研究所は、エドウィン・O・ライシャワーという人が一九七三年に創設しました。彼のお父さんが宣教師として日本に派遣されたので、彼は少年時代を日本で過ごしました。彼はハーバード大学で研究する一方、駐日大使を務めていたこともあります。ハーバード大学は、政治の一環として研究に従事する伝統があります。東アジアをコントロールしていくために、政治家であり学者である人たちをたくさんそろえていたんですね。

日本からは一五人ほどの研究者が来ていました。日本の大学が滞在費を支払ってくれ、ハーバード大学は何も負担しません。ただ籍を置かせてもらうだけなのに、厳しい面接までありました。

おかしなことに、日本の研究者用にわずか四つの机しか用意されていませんでした。「どういうこと?」と尋ねると、「だいたいきみたちは観光旅行に行って勉強しないんだから、机は四つで十分じゃないの?」と言うわけです。えっ?とびっくりしました。でも実際、みんなナイアガラの滝などの観光に行ってしまうんです。アイデンティティが傷ついてしまうのでしょう。ハーバード大学のほうが日本の大学より上なんだ、という優劣の関係を見せつけられたからです。

二〇〇一年に九・一一テロがあり、その報復としてアメリカはアフガニスタンを攻撃します。私がハーバードにいた二〇〇三年はアメリカのイラク侵攻が始まった年です。そのとき、アメリカでは「真珠湾を思い出せ」と叫ばれていました。日本をやっつけたようにイラクをやっつけよう、ということですね。日本もイラクもアメリカの敵として十把ひとからげにとらえるアメリカの教授たちの物言いに、私はびっくりしました。「なぜアメリカはイラクを日本のように占領できないのか?」というテーマの研究会も開かれました。「占領」なんて、どう見ても対等ではありません。日本とアメリカは対等な友人関係と考えていた私は本当に驚きました。そのとき、私は初めて、英語を上手くならないと、すごく危険だと気づきました。だから下手だと言われても、英語でしゃべることにしました。

変わったやつだなと思われたのでしょうか、かつてハーバード大学を卒業し、マサチューセッツ州の各大学で教鞭をとる教授たちを相手に一五回の授業をやらせてもらえることになりました。「日本歴史学の歴史」というテーマで、一九三〇年代から二〇〇〇年代までの日本歴史学の研究者一〇人ほどを取り上げることにしました。一回目の参加者は二七人。私を受け入れてくれたハーバード大学のA教授が「マイフレンド、ジュンイチ・イソマエ」と紹介してくれました。私は、日本中世史における差別の問題を論じた網野善彦（一九二八—二〇〇四）という歴史学者の話をしました。三〇分たったときに、A教授が「ジュンイチ、インフォメーション（情報）をありがとう。君の時間は終わりだよ。あとは私たちが英語でディスカッションやるから。君は聞き取れないだろうから、座ってて」と言いました。情けないけれど、早くて彼らが何を言っているのかさっぱりわかりませんでした。

つまり、私は日本の情報を提供するだけの人とみなされていたのです。そういう人たちのことを「ネイティブ・インフォーマント」と言います。研究所には日本人の女性が勤めていて、彼女たちが日本語を英語に翻訳して、先生たちが日本語を読まなくてもすむようにしていることも、のちに知りました。情報を差し上げる立場にある私にしろ、彼女たちにしろ、先生たちとの間に対等な関係性はありません。

四回目の授業で私は反乱を起こしました。「今日は私が最初からひとりで一時間話します」。その後、反論するなり議論するなりしてください。ただし、私もそれに参加します」。そうしたらA教授の顔がみるみる不愉快になり、"You are unfair!（ずるい男！）"と言いました。翌週の授業に来たのはたったの五人。アラブ系アメリカ人、香港の中国人、仕方なく来た大学院生、事務の人。教授は誰も来ませんでした。でも、めげずに授業を続けました。途中から、噂を聞きつけたのか、マサチューセッツ工科大学に通う中国人の院生や、他の州立大学の大学生が来てくれました。日本人の研究者も三人来ました。そのなかのひとりが言いました。

「よくがんばったなぁ。ぼくたちは、ハーバードの教授らに「おまえたちは理屈なんて言わずに、情報だけくれたらいい」と言われた。それをきみは「嫌だ」と拒否した。そうしたら、中国人やインド人やアラブ系アメリカ人がやってきて、日本語がわからなくても、日本とは関係なくても、日本に興味をもって、日本の話をしている。これこそ開かれたアイデンティティじゃないだろうか。ぼくも、きみのようにネイティブ・インフォーマントであることを拒否したい」。

不思議なことに、少しずつ参加者が増えてきて、最後は十数人になっていました。そこに参加した人たちは、日本研究と無関係だったアジア系の人たち、英文学やキリスト教神学を学びに来ていた日本人、水俣病の研究をするアメリカ人など、複数の文化のはざまにいる人たちでした。日本に対する知識や関心をもたない人に対して、日本の歴史や文化を説明する能力が問われます。私は良くも悪くも自分を支配してきた日本人というアイデンティティから少し解放された心地がしました。

不幸なアイデンティティ

いろいろ確執のあったA教授から、一二月二四日に電話がかかってきました。「ジュンイチ、明日クリスマスだけど、どうする？」と聞かれました。私は「大学の寮で過ごします。ボストンにいる友だちが遊びに来るかもしれないし」と答えました。「じゃあ夜は、私の家においでよ。一緒にお祝いしよう」と言ってくれました。私は感動しました。みんな帰省して寮はがらーんとしていたので、ちょっと寂しかったんです。

二四日の晩はボストンの友だちと教会に行きました。私はキリスト教徒ではないですが、キリスト教の幼稚園に通っていたこともあって、キリスト教の礼拝が好きなんです。とても心が温まる教会のミサでした。

さて、二五日の夕方に、A教授が車で迎えに来てくれました。そこから三〇〜四〇分ほど走ったニュートンという高級住宅街に彼は住んでいました。「ところで、昨日はクリスマスイブだったけど、どこに行ってたの？」と聞かれたので、「友だちとボストンのブラック・チャーチに行きました」と答えました。ブラック・チャーチというのは、黒人の方が集まる教会のことです。ボストンには、コリアン・チャーチとか、ヒスパニック系のチャーチとか、いろんな人種や民族ごとに教会があります。それを聞いたA教授の顔が少し曇りました。「ブラック・チャーチ？あいつらは文化がないからねえ」と言ったんです。私はびっくりして、「え？　彼らは教会に行っていますよ」と返しました。すると先生は、「黒人はもともとキリスト教徒じゃなかった。白人の奴隷になったから、キリスト教徒になったんだよ」と真顔で答えました。

A教授が住む街に入ると、クリスマスツリーが一本もないし、ドアにリースもかかっていません。不思議に思って、「ここの地区の人たちは無信論者ですか?」と尋ねたら、「そんなことないよ。家に来たらわかるさ」と言いました。車を降りて、立派なお宅のなかに入りました。居間で先生がロウソクに一本一本火をつけはじめました。「これは、ハヌカ祭というんだ」と教えてくれました。私は宗教学者なのに、ハヌカ光明祭とも呼ばれるユダヤ教の盛大なハヌカ祭のことをよく知りませんでした。ユダヤ教の過越祭《すぎこしのまつり》と関係しているということだけ知っていました。「ユダヤ教の祭りですか?」と聞くと、「うん、私はユダヤ人だから。黒人がキリスト教徒になるのは嫌な感じがするんだよね。ユダヤ人は自分のアイデンティティに誇りをもっているから、キリスト教徒にはならない」と言ったんです。

そのとき、「パパー」と娘さんがやってきました。娘さんはアジア系の顔をしていました。次に「パパ、お帰りなさい」という日本語の声がしました。先生の奥さんは日本人だったんですね。奥さんと娘さんは、ハヌカ祭にはまったく興味がないようでした。

かつて、アメリカの「ホワイト」と呼ばれる白人層にはユダヤ人が含まれていませんでした。一九三〇年代までは、ハーバード大学にユダヤ人が入学するにはかなりの制約があったようです。ハーバード大学で先生になるどころか、学生にすらなれなかったのです。先生はボストンの靴工場長の息子だったそうですが、きっと長い間嫌な思いをいっぱいしたのでしょう。

私はとても複雑な気持ちになりました。アメリカ社会で、白人から仲間外れにされてつらい思いをしてきたユダヤ人の先生が、黒人を差別する。日本人の奥さんからみたら、彼はアメリカ人です。日本人の前では白人でいられます。彼が日本人研究者に対していばる理由がわかったような気がしました。上と下の関係がつくられたら、下の人はさらに下をつくりたくなるんですね。私はとっても悲しくなりました。

世界中があなたの故郷

A教授のもとで、日系アメリカ人の秘書の方が働いていました。彼女は私より七歳上で、お姉さんのように親切にしてくれました。彼女のご両親は日本人で、彼女も日本で生まれました。幼い頃にお父さんがアメリカの大学に医師として招かれたので、渡米したそうです。日本語は話せるのですが、「そうでちゅ」とか「お母ちゃま」みたいな赤ちゃん言葉になってしまうそうです。それが恥ずかしくて、私たちの前ではいっさい日本語をしゃべりませんでした。それでも、毎週日本語教室に通っていました。

ご両親が亡くなったあと、彼女は日本に行ったそうです。お父さんの妹（叔母さん）が歓迎してくれましたが、何日かたつと居づらくなり、ホテルに移りました。それから二度と行っていないそうです。「来てください」と言われても、やっぱり自分の場所ではないと感じるんですね。「私にはもう戻れるところがないの。ここで生きるほかないの」と言っていました。

その方が私にこんな話をしてくれました。

「あなたは変わってる。いい意味でね。私は毎年二〇人くらい何十年も日本人を受け入れてきたけど、多くの人は言うことを聞いてしまうの。だけど、あなたは言うことを聞かなかった。大切な自尊心よ。

この世界地図を見て。日本の世界地図では日本が真ん中だけど、アメリカにある世界地図は日本が端っこ。まず、このことに驚くのよね、日本の人たちは。自分の暮らす世界って、外の人から見たらどうでもいい世界にすぎないのかと。私はアメリカに来て、まずそれを学んだ。残念なことかもしれないけれど、日本人はここではマイノリティなのよ。

多くの日本の人は日本に戻ったらマジョリティに戻れるから、少しでもここでも暮らしやすいようにと、理不尽でも先生に頭を下げる。ここに踏みとどまって暮らす気がないから、どんなことでも一時的なことにすぎないと我慢してしまうの。でも、あなたはそうしなかった。私はそんなあなたを見て、あなたは日本に帰っても居場所がないのかもしれないと思ったの。

どこにも馴染めない者だからこそ、世界中があなたの故郷なのよ。あなたの家は、世界中探してもどこにも見つからないかもしれない。だけどそのとき、世界全体があなたの家になっていることを忘れないでね。そして、そんなあなたを見て、助けたいと思う人が必ずいるはずよ」。

彼女のこの言葉を聞いた以上、「日本人です」というアイデンティティだけでいいや、というところにはもう戻れない、戻ってはいけないと思いました。彼女の気持ちを裏切ることのない生き方をしたい。居場所のもてない自分に、背負うべき何かが生まれた瞬間でした。人間として譲れないものをつかんだ瞬間だったと、ふりかえって思うのです。

第3章　トランスナショナルな生き方

ベネディクト・アンダーソンとガヤトリ・スピヴァク

想像の共同体

アイデンティティというのは記憶と関係しています。私がどんな人生を生きてきたかという記憶から、私たちは自分というものをつくっているのだと思います。記憶という問題を考えるときに重要な二冊の本が、一九八三年に出ました。

ひとつは、アイルランド人のベネディクト・アンダーソン（一九三六―二〇一五）の『想像の共同体（*Imagined Communities*）』（一九九一年〔第二版〕／邦訳は白石隆・白石さや訳、NTT出版、一九九七年）という本です。自分がどの共同体に属しているか、自分の仲間は誰なのか――これは事実というよりも想像なんだとアンダーソンは言います。たとえば、友だちだと思っていた人から仲間外れにされたり、いじめられたりして、ショックを受けたことはありませんか。人間関係についての私たちの予想はくつがえされます。身近な人とでさえそうなのだから、ましてや会ったことのない人間はどうでしょう。アンダーソンは、想像することでしか人間の共同体はできない、と言います。

私は今、京都に住んでいますけれども、京都の人が鹿児島の人に毎日会うことはできません。ならば、鹿児島に住んでいる人と私が同じ日本人だという確証はどこにあるんでしょう。ありませんよね。私たちは、「あの人も同じなんだろうな」とか「会ったことはないけれど、同じ日本人のはずだ」と想像する能力があるから、会ったことがない人も仲間だと思うことができる。

> 国民とはイメージとして心に描かれた想像の政治共同体《イマジンド・ポリティカル・コミュニティ》である――そしてそれは、本来的に限定され、かつ主権的なもの〔最高の意思決定主体〕として想像されると。
>
> 国民は〔イメージとして心の中に〕想像されたものである。というのは、いかに小さな国民であろうと、これを構成する人々は、その大多数の同胞を知ることも、会うことも、あるいはかれらについて聞くこともなく、それでいてなお、ひとりひとりの心の中には、共同の聖餐《コミュニオン》のイメージが生きているからである。
>
> （二四頁）

私がどうこの世に生まれて、どう生きてきたのか。これは私の歴史です。そして、「私」を「日本人」に置き換えれば、日本の歴史です。イギリス人に置き換えれば、イギリスの歴史です。アンダーソンは、そのような置き換えができること自体が「想像力（imagination）」だと言います。

個人の歴史と国家の歴史、あるいは自国の歴史と他国の歴史、それは想像力を働かせれば、重ね合わせたり、交換することができるものなんだというんですね。ただし、それは他者への想像力がなければ、もちろんできないことです。このようにアンダーソンは、私たちのアイデンティティとはつねに己の過去の歴史に支えられている。そして、その過去の歴史をどのように思い描くかは、私たちの想像力次第だと言います。

「日本人」という国民意識ができたのは明治時代以降だと言われています。民衆史家の牧原憲夫さんが『客分と国民のあいだ——近代民衆の政治意識』（吉川弘文館、一九九八年）という本のなかで明らかにしています。江戸時代は幕藩体制ですから、人々は地域のコミュニティに属しているという意識しかなかったそうです。私は水戸の生まれですが、江戸時代に水戸で会った人に「あなたは誰ですか？」と聞いたら、「水戸藩の者だ」と答える人はいても、「日本人だ」と答える人はいなかったでしょう。平安時代は、水戸の人は「東夷」（東の野蛮人）と京都の人から呼ばれていました。同じ人間だと思われていなかったんですね。京都のなかでも、人間ではないと思われていた人がいました。ひどいことに「非人」と呼ばれていました。このように、私たちの共同体の範囲、すなわち同胞意識の範囲というのは、昔にさかのぼるほど狭くなるようです。現在は、一見とても広くなっていますが、自分の想像の仲間に入らない人たちをはじき出す差別は根強くありますよね。

一九八三年に出たもう一冊の本は、ポーランド系ユダヤ人の血を引くエリック・ホブズボーム

（一九一七―二〇一二）という人が研究仲間と一緒に書いた『伝統の発明（*The Invention of Tradition*）』です（一九八三年／邦訳は前川啓治・梶原景昭ほか訳『創られた伝統』紀伊國屋書店、一九九二年）。彼は、伝統に見えるものも、近代に発明されたのだ、と言います。たとえば、スコットランド人がタータンのスカートをはくのは近代になってからだそうです。そんなふうに近代になって、昔を懐かしみ、みんなが一緒になれるような歴史を想像したいという欲望のなかで発明されたものが意外に多いのだとホブズボームは言います。

この二つの本は日本の研究者に大きなショックを与えました。おかげで、歴史の想像の仕方によって、「私たち」という意識の範囲はずいぶん変わることを、ようやく意識できるようになったのです。この二人がイギリスに暮らすマイノリティであることは興味深いですよね。国民国家のなかにしっかりと居場所のある人には、国民国家のからくりを見抜く想像力は育ちにくかったということなのでしょう。

黒人奴隷の歴史

少し難しい話をしてしまいましたので、次は具体的な話をしましょう。

アメリカの首都ワシントンＤＣにスミソニアン博物館があります。ここには、国立自然史博物館、国立航空宇宙博物館、国立アメリカ歴史博物館などいろいろな博物館が集まっています。そのなかに国立アフリカ美術館（National Museum of African Art）という小さな博物館があります。私はハーバード大学に在籍した二〇〇三年に初めてこれを見たときにショックを受けました。展示されているのは、彫刻、絵、仮面などアフリカの美しい展示品ばかりなんです。「いったい奴隷の歴史はどうなっているんだろう？」と思いました。アフリカから奴隷として連れてこられた人たちの歴史はどこで見られるのか。

気になって、国立アメリカ歴史博物館に行ってみました。そこにも、黒人奴隷の展示はほとんどありませんでした。ある展示室に、金網が置かれていました。英語の説明を読むと、「日系人（Japanese American）」が戦争中に収容された収容所の金網、と書いてありました。私はめまいがしてしまいました。自分が日本人だということを思い出しました。奴隷に近い状態に置かれていたのは「私たち」の先祖でもあるんだ、と。一九八八年、レーガン大統領のときに、アメリカ政府は公式に日系人に謝罪しました。それを受けての展示だったのでしょう。

後日談ですが、一〇年後に国立アメリカ歴史博物館に行ったとき、日系人収容の展示はなくなっていました。外に大きな看板があって、これから国立アフリカン・アメリカン歴史文化博物館（National Museum of African American History and Culture）をつくります、と書かれていました。看板にはキング牧師の写真がのっていました。キング牧師は一九六〇年代に黒人の権利を求める公民権運動で闘い、最後は暗殺されてしまった人です。

私はそこからホテルに戻るためにタクシーに乗りました。タクシーのドライバーは、黒人か中南米から来た「ヒスパニック」と呼ばれる人が多いです。私が乗ったタクシーは、黒人のドライバーでした。その人はとてもうれしそうに言いました。

「お客さんは、日本から来たの？　おれはここで生まれたんだけど、とってもうれしいんだよね。ようやくおれたち黒人の歴史がこの国に認められるんだから。もうすぐオバマが大統領になると思うんだ。オバマが大統領になって、こういう博物館ができたら、おれたちの歴史は変わるよ。ここアメリカで、どういうふうに先祖が苦労して、涙を流して、悔しい思いをして、それでも生きてきたか、そういう歴史がほしいんだ」。

こんな話を、日本から来た私にしゃべるのが不思議でした。白人のなかには、そういう歴史を認めない人もいます。私のような日本人なら、国内の人種間の利害関係に関係なく、自分たちの想いを受け取ってくれるかもしれない、と期待してくれたのかもしれません。彼が私に思っていることを話してくれたのはうれしかったです。

国立アフリカン・アメリカン歴史文化博物館は二〇一六年に開館しました。残念ながら私は見る機会に恵まれず、この博物館が本当にその黒人ドライバーが望んでいたようなものになったのかどうかはわかりません。でも、生きた人間の感情の歴史を見られる場所ができたということを、まずは喜びたいと思います。

死者の記憶からつくられる歴史

二〇〇三年にワシントンDCに行ったとき、もうひとつ別の場所にも行ってみました。アメリカ合衆国ホロコースト記念博物館（United States Holocaust Memorial Museum）です。「ホロコースト」というのは「焼かれたいけにえ」という意味ですが、第二次世界大戦中のナチス・ドイツによるユダヤ人の殺戮を指す言葉になっています。ある民族・人種を大量虐殺することを「ジェノサイド（genocide）」とも言います。ヒトラー率いるナチス・ドイツは、ヨーロッパ中に住むユダヤ人を強制的に連行して、アウシュヴィッツをはじめとする収容所で殺しました。その博物館がアメリカの首都にあるのです。

展示館のなかに入ろうとすると、黒人の子が涙を流して出てきました。ちょっと不思議な気がしました。私も会場の展示を見学しはじめました。館内には多くの見学者がいましたが、おしゃべりしている人は誰もいません。ひたすら沈黙が支配しています。出来事のあまりの残虐さに、誰もが言葉を失っているのがわかりました。

ユダヤ人がアウシュヴィッツまで運ばれた列車の実際の貨車が、部屋と部屋をつなぐ通路に置かれています。強制はされませんが、まっすぐ歩いていけば、その貨車のなかを通って次の部屋に行くことになります。次の部屋には、裸で殺されたユダヤ人の写真が展示されています。ショックが大きいので、小学校低学年以下の子どもの背丈では見えないように、視覚をさえぎる壁に囲まれて展示されています。貨車で運ばれたユダヤ人が、裸にされてガスを浴びせられて殺され、その死体が土のなかに埋められたり、焼却炉でゴミのように焼かれている写真もありました。

聞くところによると、アメリカの学校ではなるべく学生のうちにここに来て、ユダヤ人に対する残虐な行為について学ぶことになっているようです。先ほど会場から出てきた黒人の子も、学校教育の一環で学んでいたんですね。ドイツ人がユダヤ人に行った残虐な行為を、日本人である私は第三者として見ることができます。しかし、アメリカにいるユダヤ人の子どもたちと、アメリカにいるドイツ人の子どもたちは、残酷なことですが、被害者側と加害者側に分かれてこの展示を見ることになります。

殺されたユダヤ人たちの顔写真が壁一面に展示されている部屋がありました。私はこの部屋に入ったとき、亡くなったユダヤ人からじっと見つめられているような、なんとも言えない気持ちになりました。生きたいのに生きられなかった気持ち、悔しい気持ち、悲しい気持ち……。人生を全うできなかった人たちが、私を見ていることにいたたまれなくなって、足を早めて別の部屋に行きました。

似たような状況を思い出しました。靖国神社に遊就館という博物館があります。アジア太平洋戦争は日本の正しい戦争だったと信じている立場からつくられた博物館です。靖国神社は戊辰戦争から始まって日清戦争、日露戦争、第一次世界大戦、第二次世界大戦と、戦争で死んだ人を国のために死んだ「英霊」として祀ってある場所です。この博物館では、「大東亜戦争」はアジアをヨーロッパから解放した正義の戦いだ、と書いてあります。最後の展示が、亡くなった人たちの写真なんです。

私の祖父もアジア太平洋戦争で亡くなりました。私の祖母はこの戦争を正しいものと認めていません。夫はルソン島で玉砕させられてしまった。戦争のせいで家族はめちゃくちゃになった。祖母は子どもをひとり失い、五人の娘を抱えて、とても人には言えない苦労をしたそうです。だから、靖国神社から展示用に祖父の写真をくださいと言われたときは、拒否したそうです。どこの国が正しくて、どこの国が悪いではなくて、戦争そのものが間違っている、と祖母はいつも言っていました。だから、死ぬまで一度も靖国神社には参拝に行きませんでした。

ホロコースト記念博物館と遊就館。まったく違うものですが、亡くなった人の顔を並べて、それを国の礎とするかたちは変わらないのかなという気がしました。遊就館は、国のために死んだ人が日本人の土台をつくったという価値観に立っています。でも、ちょっと待って。なぜユダヤ人がアメリカの土台をつくったのか？　それは、ヨーロッパで迫害されたユダヤ人がアメリカに亡命し、アメリカ社会の中核となったからです。ロスチャイルド家とかロックフェラー家とか、名前を挙げれば名家がいくらでもあります。展示の最後は、ユダヤ人がナチスから逃れてアメリカに迎えられるところで終わっていました。一九六〇年にアメリカで製作された、ユダヤ人によるイスラエル建国を祝した映画『栄光への脱出』がモチーフになっているようにも感じました。

母国でつらい思いをした人たちがアメリカに来て、アメリカ人として、みんなとともに豊かな社会をつくっている。だからこれは「私たちアメリカ人」の歴史の一部なのだ。ここに、被害者を救ったアメリカの歴史が成り立ちます。黒人の子が泣いたのは、アメリカ人の「私たち」の問題として受けとめることができたからでしょう。でも、考えてみてください。黒人の子の先祖もまたどれほどの苦労をしたことでしょう。もし、その子が国立アフリカン・アメリカン歴史文化博物館を訪れたら、どのような涙を流すのでしょう。どんな「私たち」を意識するでしょうか。

ナショナリズムへの注意深さ

二〇一〇年からドイツのボッフムに滞在したとき、電車でベルリンに行ってみました。そこにベルリン・ユダヤ博物館ができたと聞いたからです。前衛的で風変わりな建物でした。同博物館で教えている先生が理由を教えてくれました。「建物の外側に斜めの線が走っていますね。この線は建物のなかにも走っているんですよ。廊下も斜めなんです」。「歩きにくくないですか?」。「それが目的なんです。だってユダヤ人が生きてきた道は大変でしたから。自身の未来が予想もつかなかったんですから。ジグザグしていて、傾いていて、いつ殺されるかわからない。それを味わってもらうための道なんですよ」。

この博物館には、強制収容所にかかわる展示はほとんどありません。ユダヤ人の豊かな暮らしが展示されています。花祭りなどの宗教伝統、シナゴーグでの交流、彼らが描いた絵、作った工芸品、食べていた料理など、どのような日常を過ごしていたかという展示ばかりでした。私は思わず「つまらない」と言ってしまいました。そうしたら先生にしかられました。「つまらないのは幸せな印でしょ？　日常はつまらないほど幸せなんです。他人が見ておもしろいと思う出来事はむしろ悲劇なのではないでしょうか。だからこそ、この博物館はつまらない、ありふれた日常を展示したいのです」。

そのなかで、これはホロコーストのことだなと思った展示があります。床一面に、ひとつひとつ違う顔が彫られた鉄の円盤が、数えきれないぐらい敷き詰められています。これは当時殺されたユダヤ人たちを象徴しているそうです。イスラエルの彫刻家のインスタレーション作品でした。そのときに案内してくれたガイドさんが言いました。

「人の悲劇的な死を、ことさらセンセーショナルに煽って見せることは、とても危険なことです。それが排他的なナショナリズムを引き起こすこともあるからです。ユダヤ人が、イスラエルの地に故郷を再建しようとするシオニズム運動によって、パレスチナ人を追い出してきた歴史があります。悲しみによって自分のアイデンティティをつくるとき、十分に気をつけないと、誰かを憎むことによってアイデンティティができあがってしまうのです」。

精神分析学の祖ジークムント・フロイトは、論文「集団心理学と自我の分析」（一九二一年）のなかでこう述べています。

ベルリン・ユダヤ博物館

人の顔を彫った鉄の円盤

隣接している二都市は、それぞれ一方が他方の嫌うべき競争相手になり、あらゆる小国は他の小国を蔑視する。近縁な民族はたがいに反撥し、（中略）白人対有色人種のように、克服しがたい反感が生じることは、あやしむに足りないことであろう。
（「集団心理学と自我の分析」小此木啓吾訳、『フロイト著作集6』人文書院、一九七〇年、二一九―二二〇頁）

無機質な表情の顔が彫られた鉄板の山は、そういう感情が起きにくいように考えぬかれた展示だったんですね。

私はまた遊就館を思い出しました。何万とある遺影の下には、彼らが残した遺書があります。それを読んだ人たちはみんな泣いてしまいます。私は、中国とロシアと日本にルーツをもつ学生と展示を見たことがあります。彼女は日本国籍ですが、中国人として差別されたことがあって、日本に対して複雑な思いを抱えていました。そんな彼女でさえ、最後の展示で泣いてしまいました。

「人間の感情って怖い。靖国って日本人にさせられちゃうから怖いと思いました。ナショナリズムは嫌だと思っていました。それなのに、最後の展示で「ああ兵隊さんかわいそうだったな」と泣いちゃいました。その瞬間は、乱暴された中国人や朝鮮人の女性たちがいたことを忘れてしまいました。歴史の展示の仕方ひとつで、こんなふうに人間の感情って簡単にあやつられちゃうんですね。すごく怖いです。なによりも自分の感情のもろさが怖いです」。そう彼女は話してくれました。

アイデンティティがどれほど簡単につくられてしまうものなのか。そのために歴史がどんなふうに操作されてきたのか。アンダーソンの『想像の共同体』、ホブズボームの『伝統の発明』が教えてくれたことは、「私たち」とも無縁ではありえません。

トランスナショナルという生き方

ニューヨークのコロンビア大学に、インド人のガヤトリ・スピヴァクさん（一九四二―）という方がいます。彼女は、一九八八年に「サバルタンは語ることができるか」という論文を書きました（邦訳は上村忠男訳、みすず書房、一九九八年）。私はこれを読んで衝撃を受けました。私の人生を変えてしまった文章です。

「サバルタン」というのは言葉をもてない人のことです。言葉をもてないから、他人におまえはこうだよと決めつけられてしまう人です。だから「サバルタンは語れない」とスピヴァクさんは言います。語るという行為は、聴く人がいて初めて成り立ちます。心と心の手をつなげば、本人にはむごくて語れないことを別の人が代わりに表現してあげることもできるんじゃないか、と彼女は問いかけます。ただし、語れないものを言葉にするときにはとても注意深い判断がいる。

ガヤトリ・スピヴァク

それが勉強するということであり、「言葉をもつ」ことなんだとスピヴァクさんは言います。

二〇二〇年、スピヴァクさんとニューヨークで会ったとき、こんな話をしてくれました。

「語るというのは聴くという行為があって成り立つし、聴くということは語る人がいるから成り立つ。その二つを結び合わせる勇気をもつのは誰か。もうすでに決まった居場所があって、そこから動く必要のない人なのか。それとも居場所がなくて、いろんな場所に移動しなければならない人なのか。よく考えたほうがいい。なぜなら、人間の居る場所のなかには、自分の喜ぶ言葉をしゃべるおべっか使いしか居ない場所もあるから」。

記憶を語る、記憶を展示することで、「私たち」というアイデンティティがどのように立ち現れてくるのかを考えてきました。話す人と受け取る人が、「私たちって正しいよね」と自己完結していていいのか？　スミソニアンにも、やっぱり黒人の博物館やネイティブ・アメリカンの博物館は必要だし、日系人の博物館もあったほうがいいと思います。そうしたいろいろな声が出てきたときこそ、アイデンティティをめぐる問いも深まってくる。同時に、「私たち」のあり方も大きく変わっていかざるをえなくなるのではないでしょうか。

こういうあり方を「トランスナショナル（trans-national）」と言います。国家（nation）をこえる（trans）姿勢のことですね。こえたからといって、国境はなくなりません。憎しみもなくなりません。愛情という感情があるかぎり、その裏返しの憎しみという感情も消えることはないでしょう。でも、憎しみを認めながら、そこをこえていくこと。自分の立場をこえていくことは可能かもしれません。スピヴァクさんは、トランスナショナルという生き方を私に教えてくれた人です。

第4章　他者に出会うこと

エマニュエル・レヴィナス、ハンナ・アーレント、そしてアウシュヴィッツ

他者とは差異である

今、多様性という言葉がはやっていますね。でも、いぜんとして居場所のないことは恥ずかしい、隠さなければならない、と思う人が多いような気がします。LINEが来たらすぐに反応しなければいけない、空気を読んでみんなに気に入られるようにふるまわなければならない。子どもたちの世界でも、つねに集団の眼差し、他人の眼差しを意識することが求められています。あなたはそのような暗黙のルールに、不安や息苦しさを感じていませんか。

ここで考えなければいけないのは、「他人とは何だろう？」ということです。そんなに私たちがおびえている他人の目、社会の目とは何なのか。多くの人たちはそのことを考えないで、漠然と不安を抱えているようにも思われます。もし正体が少しでもわかったら、それほど怖くはなく

なるかもしれません。

「他者とは何か」という問題を考え続けた人がいます。エマニュエル・レヴィナス（一九〇六―一九九五）という、リトアニア（当時ロシア帝国領）生まれのユダヤ人思想家です。フランスで学業を修め、フランスに帰化した彼は第二次世界大戦中、フランス兵としてドイツと戦いました。ドイツがフランスを占領した一九四〇年に捕虜となり、他のフランス人と同様に強制収容所ではなく、捕虜収容所に入れられました。それで、なんとか生きのびることができたようです。しかし、彼の親族の多くはナチス・ドイツによって強制収容所で殺されてしまいました。

レヴィナスの思想はとても難しいのですが、熊野純彦という哲学者の『レヴィナス入門』（ちくま新書、一九九九年）が参考になりそうです。レヴィナスは、「他者とは差異（difference）である」と言います。つまり他者というのは「私とは違う」「自分には理解できない」存在というのが基本的性質なんですね。日本の社会では、人と人は理解できて当たり前、言葉にしなくてもわかりあえるという雰囲気が強いので、皆さんには意外に聞こえるでしょうか。でもそうした、人間はわかりあえて当たり前という常識が、皆さんの居場所のなさをつくりだしている大きな原因かもしれませんよ。

エマニュエル・レヴィナス
（Bracha L. Ettinger 撮影）

皆さんは「他者」という言葉に馴染みがないかもしれません。「他人」は、自分の周りにいる人間、自分の体ではない人間のことを意味します。自分の体ではない身体をもつ人間という物理的な意味にとどまります。それに対して「他者」は、キリスト教やユダヤ教から来た哲学用語のひとつで、他人のなかでも理解できない存在を表します。物理的存在にとどまらず、精神的な意味で理解不能な存在を指す言葉です。

他者は了解をはみ出し、他者との「関係は了解を溢れ出してゆく」のではないだろうか。他者を了解するとはむしろ、他者が私の知のいっさいから逃れ出る存在であることを理解することではないか。レヴィナスは、そのように問題を提起する。

（熊野純彦『レヴィナス入門』、九〇頁）

自分と他人とはしょせんは似たり寄ったりだという認識のまどろみにとどまっている人に対して、「おまえはいったい何者だ?」と問いかけてくる存在が「他者」だと、レヴィナスは言うんですね。まったく違う場所にいる人だったら、その人が何をやろうがかまわないし、その人を理解できなくても支障はありません。でも、同じ場所にいる人が自分を否定したり、自分や家族の命を奪おうとしたらどうですか。レヴィナスはこのように述べています。

差異は〈他者〉に対して私が無関心－ならざることである。

（『存在の彼方へ』一九七四年／合田正人訳、講談社学術文庫、一九九九年、二一四頁）

すごい考えですね。考え方の違う人に対して「なぜ、そういうふうに考えるの？」と問いを立てることが大切なのだとレヴィナスは言います。違いを自覚することこそが、他者への理解をうながす。自分の仲間に関心をもつのは簡単です。ならず者でも自分の仲間は大切にします。でも、レヴィナスは違う。自分と違う、理解できない存在だからこそ、他者に関心をもたざるをえない。

官能とは、他者が最も他なるもの、つまり最も見知らぬ人となる瞬間であり、社会性、すなわち他者性に対して無関心ではいられないこと（中略）がその絶頂に達する瞬間である（後略）

（レヴィナス『暴力と聖性――レヴィナスは語る』一九八七年／内田樹訳、国文社、一九九一年、一四〇頁）

私は次のようにレヴィナスの考えを受けとめています。レヴィナスは、ヒトラーやナチス・ドイツの幹部が極悪人だったと断じて終えるのではなく、なぜ、そんなふうにためらわず人を殺すことができるのかという問いを立て、その動機を理解しようとしました。普通はそんな問いを立てませんね。自分の親族を殺した集団を、他者として理解しようと試みるなんて。レヴィナスは、他者とは決して目を背けることができない存在だとも言います。たしかに、自分の親族が殺されたことは、忘れたくても生涯忘れることはできないでしょう。目を背けたくても、決して消えてなくならない事実です。

私たちが居場所がないと恐れるのは、集団のなかでよそ者＝他者になることが怖いからなのでしょう。いじめをする人は、集団のなかで自分が他者になるのが怖いから、誰かを他者（＝エイリアン）に仕立てていじめることで、みんなと一緒の側に立ちたいのかもしれませんね。そう考えると、「他者」という概念は、居場所とは何かを考えるうえできわめて大切なものだとわかります。

惑星的な想像力

レヴィナスの言葉に導かれて、第3章で取り上げたガヤトリ・スピヴァクさんにふたたび登場してもらいましょう。彼女はインド人で、インドはイギリスの植民地でしたから、もちろん英語を話せます。スピヴァクさんはベンガル人ですから、ベンガル語も話せます。日本は単一民族国家すなわち国民全員が同じ言語を話す、と信じている人が多いかもしれません。これが誤りであることは、第Ⅲ部「日本から離れて」で話したいと思います。日本の外に出ると、多言語はむしろ普通です。たとえば、スイスではドイツ語、フランス語、イタリア語、ロマンシュ語の四つが公用語です。チューリッヒからジュネーブに移動すると、電車の車内放送もドイツ語からフランス語に変わります。

スピヴァクさんは、「想像力（imagination）が大事だ」と言います。他人の痛み、他人の気持ちを推しはかる力です。これはもともと能力として備わっているものではなく、育てていかなければならない能力なんですね。彼女は、『ある学問の死』（二〇〇三年／邦訳は上村忠男・鈴木聡訳、みすず書房、二〇〇四年）という本の中で、「プラネタリー・イマジンネーション（planetary imagination）」という奇妙な言葉をつくっています。プラネットは惑星ですから、「惑星的な規模で広がる想像力」とでも訳せるでしょうか。

地球全体が理解しがたい他者で満ちています。それでも私たちは同じ地球上に暮らしています。人間は国民国家から地球へと想像力を羽ばたかせてきたけれど、自分と同一の存在を他者のなかに想像するかたちでしかなかった。地球全体を均質化していくグローバリゼーションがまさしくそうで、自分の世界に相手を呑み込んでいくことを想像するだけだった。それに対して、惑星的な思考というのは、地球自体が自分に馴染みのある場ではなく、馴染みのない空間として想像する思考法です。すごい発想の転換ですね。地球を惑星としてみることは、他者との無限なる出会いに自分を開いていくことなのです。

スピヴァクさんは比較するという作業が他者と出会ったときにとても大事になると説きます。彼女は比較英語文学の先生です。イギリスの植民地であったインドも英語文学の舞台です。ここで気をつけたいのは、彼女は英文学ではなく、英語文学の先生だと自分を位置づけていることです。英文学とは基本的に英国で生まれた文学を指します。同じく英語で書かれた文学でも、大英帝国の植民地の人が書いたものは英文学には含まれてきませんでした。人種が違うからという理由です。

でも、英語文学といえば、インドだろうが南アフリカだろうが、英語で書かれている文学は含まれます。たとえば、ジョゼフ・コンラッド『闇の奥』やJ・M・クッツェー『恥辱』、サルマン・ラシュディ『悪魔の詩』は英語文学です。コンラッドはポーランドからイギリスに来た移民で、英語は母語ではありません。クッツェーは南アフリカのアフリカーナです。ラシュディはインド生まれのイギリス人です。生粋の英国人ではないからでしょうか、彼らの文学は自明視された自分の属する人種や宗教のアイデンティティが崩壊していく過程を描きます。

純粋な英語文学というのはありません。英語文学の違いを比較し、その個性を明らかにしていく。それが比較英語文学です。英語という同質性のうえに立ち、その差異を明らかにする作業です。私なりの表現をすれば、同一なもののなかに差異を見いだすこととなります。まさに他者に出会うための方法です。

アウシュヴィッツを訪れて

私が住んだドイツのボッフムの街には、道路にときどき釘のようなものが打ち込んでありました。よく見ると名前が掘られていますか。誰の名前だと思いますか。ここに住んでいたユダヤ人の名前なんです。強制収容所に送られ殺されたユダヤ人の名前が、その人が住んでいた家の前に刻まれていました。釘が飛び出ているので、足が引っかかる。「なんだ?」と下を見ると名前が刻まれている。そこに住んでいたであろうユダヤ人の家族について想像する。「忘れない」という意志の表れですね。日本ではちょっと考えられませんね。強制労働をさせられた中国人や朝鮮人の名前を地面に刻み、釘を打ち込んでいる街があるでしょうか。

ウィーンにはアウシュヴィッツに向かった貨物列車の始発点の線路が残されています。途中で途切れますが、ここから運ばれて多くのユダヤ人が死んだと書かれています。ヨーロッパ各国の都市にはこうした痛ましい歴史を記憶しようとするさまざまなしかけがあります。

二〇一〇年からドイツに滞在したとき、どうしても行きたい場所がありました。アウシュヴィッツです。アウシュヴィッツ強制収容所は、一九四〇~四一年にポーランドにつくられました。当時、ポーランドは大部分をドイツに占領されていました。ポーランド人は、土地を奪われ強制移住させられたり、強制労働をさせられたり、知識人や政治犯は投獄されたり殺されたりしました。そういう力づくで支配している土地に、強制収容所を建設したのです。

収容者が増えるにしたがって増設されたため、広大な敷地に及んでいます。アウシュヴィッツ第二強制収容所(ビルケナウ)には鉄道の引込線があります。ヨーロッパ中からユダヤ人を貨車に詰め込んで運んできました。収容所は高圧電流が流れる鉄条網で囲まれています。アウシュヴィッツ第一強制収容所（オシフィエンチム）には「アルバイト・マハト・フライ（ARBEIT MACHT FREI）」と書かれたゲートがあります。「労働が自由をもたらす」という意味ですが、まったくの嘘ですね。いくら働いても死ぬほか道が残されていなかったのですから。

被収容者は、暖房設備もないバラック内の三段ベッドで寝ます。藁を敷いてあるだけで、毛布が一枚。用を足すのもここに置いてある桶。寝るところとトイレが同じ空間でした。ここで行われたことは、「おまえたちは人間じゃない」という体験をさせることでした。人間としての尊厳が奪われ、労働する動物として扱われたのです。とても恐ろしいことですね。

アウシュヴィッツに連れてこられた人々はまず働ける者と働けない者の「選別」を受けました。子ども、老人、病人は「役に立たない者」として、すぐにガス室送りになったそうです。シャワーをするから服を脱げと言われて、裸になってコンクリートの部屋に入ると、水ではなくてガスが出てくる。すべての人間が殺される部屋です。

私はアメリカ人の観光客と一緒に、ガイドさんについて施設を回りました。誰もひとこともしゃべりません。ユダヤ人の若い女性とお母さんが参加していました。ガス室のところに来たとき、二人はこらえきれず泣いていました。胸に迫る光景です。しかし他の人は誰も泣きません。その他のアメリカ人も私も、泣く資格がないと思ったのでしょう。それはそれでつらい場所でした。

ガス室で殺されたユダヤ人は、ごみのように焼却炉で焼かれました。誰が燃やしたと思いますか。ユダヤ人です。生き残ったユダヤ人が生き残る条件として、死んだユダヤ人を毎日燃やす役目を負わされました。人間はどこまで残酷なことを考えられるのでしょうか。

私のドイツ人の友人のなかには「アウシュヴィッツには行きたくない、もう嫌だ」と言う人もいます。自分自身がユダヤ人を殺したわけではないですが、その責任を問われる国家の一員であるがゆえに、いたたまれないというのですね。ガス室で抱き合って泣いていたユダヤ人の母娘を前にしたら、加害者の立場に置かれるドイツ人は身の置き所がないでしょう。自分の犯した罪ではないけれど、国家の一員として贖罪しなければならない。そして、そこで起きたことは取り返しがつかない。殺された人たちは二度と帰ってこない。

お父さんがユダヤ系のドイツ人であった友人も、「アウシュヴィッツには一生行かない」と言っていました。彼女は多くを語りませんが、家族や親戚を失った過去があるのでしょう。行かないというより、足がすくんで行けないということだったのでしょう。人が背負うにはあまりにも重い記憶というものがあることを、この場所で知りました。ここで問われるのは、想像を絶する環境に置かれた他者に対する、それでも働かせるべき想像力の大切さです。

悪の凡庸さ

ハンナ・アーレント（一九〇六—一九七五）という、ドイツ出身のユダヤ人の思想家がいます。彼女は一九三三年にフランスに亡命しますが、フランスがドイツに占領されたので、アメリカに亡

ハンナ・アーレント（1958）
（Barbara Niggl Radloff 撮影）

命します。そして、アメリカの大学で哲学を教えました。

アーレントは、『エルサレムのアイヒマン——悪の陳腐さについての報告』（一九六三年／大久保和郎訳、みすず書房、新版二〇一七年）という本を書いています。

アドルフ・アイヒマンというのはゲシュタポ（ナチスの秘密警察）のユダヤ人移送局長官だった人で、アウシュヴィッツ強制収容所へのユダヤ人大量移送を指揮しました。第二次世界大戦後はアルゼンチンに逃げて潜伏していましたが、一九六〇年に見つかり、イスラエルに連行されました。一九六一年に裁判にかけられ、死刑判決が下り、一九六二年に絞首刑に処されました。エルサレムで行われたアイヒマンの裁判をアーレントが傍聴し、記録したのがこの本です。

このなかで重要なのが、「悪の凡庸さ（Banality of Evil）」という言葉です。悪というものはどこにでもあるものだ、ということですね。アーレントは、アイヒマンを極悪人ではなく、命令されたとおりに職務を遂行する平凡な人間であったと分析しています。アイヒマンに思考が欠如していたことが、恐ろしい犯罪に加担することになった原因であるとアーレントは考えました。普通に仕事をする人間が、平気であのような恐ろしいことをしてしまう、それは私たちには受け入れがたいことです。アイヒマンは極悪人だった、と言ってくれるほうが気持ちは楽です。私には関係ない、と思えるからです。

普通の人間でも残酷なことをしてしまうのは珍しいことではありません。たとえば日本軍の兵士は、太平洋戦争中に、占領地域の住民を虐殺したり、村全体に火をつけたり、女性をレイプしたり、非常に残酷なことを行いました。命令への絶対服従を強いる軍隊にあって、人を殺すことが日常化した戦争という状況のなかでは、信じられないようなことを普通の人が行えてしまいます。

最近、ベッティーナ・シュタングネトという哲学者が書いた『エルサレム〈以前〉のアイヒマン——大量殺戮者の平穏な生活』（二〇二一年／香月恵里訳、みすず書房、二〇二一年）という本が出ました。アイヒマン自身の文章と音声録音の史料が発見され、アイヒマンがユダヤ人は滅亡したほうがいいという考えの持ち主だったことが裏付けられました。どうやら彼は、エルサレムの裁判では嘘を演出していたようなのです。それを私たちはどう理解したらいいのか。「やっぱりアイヒマンは悪人だからそんなことをしたんだね」と言ってしまってよいのか。私は、それは違うと思います。

もう一冊、紹介しましょう。クリストファー・R・ブラウニング『普通の人びと——ホロコーストと第101警察予備大隊〔増補〕』（二〇一七年／谷喬夫訳、ちくま学芸文庫、二〇一九年）という、アメリカの歴史学者が書いた本です。一般市民を中心に編成された第一〇一警察予備大隊が、三万八〇〇〇人ものユダヤ人を殺害し、四万五〇〇〇人以上の強制移送を実行したという史実に史料や証言を用いて迫ったものです。彼らはもともと反ユダヤ主義者ではなかったそうです。それなのに、無抵抗なユダヤ人を並び立たせ、ひたすら銃殺し続けたそうです。

アウシュヴィッツの教訓というのは、ヒトラーやアイヒマンのような特殊な人が、あるいはドイツ人が残酷なことをしたということではありません。差別や迫害の波に誰でも巻き込まれうるし、そのときに勇気をもって止めようとしないで、「しかたがない」と認めてしまうならば、「凡庸な悪」はいくらでも表に現れ出てしまうんだということを忘れてはならないと思います。誰かに責任を負わせて、自分たちは被害者あるいは傍観者の側に立つ、という姿勢はとても危ないということを、私はこの地で教わりました。

ホモ・サケル

ジョルジョ・アガンベン（一九四二―）というイタリア人哲学者がいます。この人がつくった有名な言葉が「ホモ・サケル」です。本のタイトルにもなっていて、翻訳も出ています（『ホモ・サケル――主権権力と剥き出しの生』一九九五年／高桑和巳訳、以文社、二〇〇三年）。「ホモ」は人間、「サケル」は聖なる（sacred）という意味です。「聖なる人間」とは何かというと、ローマ古法において、国家や共同体の法的保護の外に投げ出された人のことです。ホモ・サケルを殺しても罪には問われず、その死には意味も与えられない。ホモ・サケルは例外状態に置かれているむき出しの生です。

アウシュヴィッツでは、知らないうちに殺される。そこにはユダヤ人を消滅させるという目的しかない。何の意味もなく、動物のように殺される人間、それをアガンベンは「ホモ・サケル」と言いました。ただし、その殺害はあくまでも社会の秩序を創設し保持するために必要なものとされたと、アガンベンは言うのです。そのために「排除と包摂」という言葉を、アガンベンはホモ・サケルという言葉と対にして用います。排除と包摂は、一見、正反対の行為のように思えますよね。排除は集団の内部から外部へと放逐することで、包摂は集団の内部に含まれることですから。

この相容れないように見える排除と包摂が対になって、ホモ・サケルの殺害が行われると考えたところに、アガンベンの思想の独創性があります。共同体に不要になった人間を放逐することは誰でも起こりうることとして想像できます。しかも、その放逐が、じつは共同体の内部に残る人々のアイデンティティを確かなものにしてくれるとアガンベンは考えるのです。

外国人、性的マイノリティ、障害者など、さまざまな人が、国家の臨戦態勢時に、つまり強固なアイデンティティが必要とされる時期に、見せしめとして弾圧されてきました。ドイツにおけるユダヤ人政策も同様です。共同体の内側に残る人々を包摂するために、彼らの無残な死を秩序維持のために利用するわけです。自分がマジョリティとして社会的権利を享受していること自体が、構造的な暴力に関与していることかもしれません。その構造にあまりに無自覚だと、誰かを傷つけ続けることになりかねません。

この章では、非常に重苦しい歴史と人間社会の闇についてお話ししました。アウシュヴィッツのことはどう言葉にしていいかわかりません。自分のなかにどう位置づけたらいいのかもわかりません。こういう経験を、ジャック・デリダ（一九三〇―二〇〇四）というフランスの哲学者は、『法の力』（一九九四年／邦訳は堅田研一訳、法政大学出版局、二〇一一年）という著作のなかで、「不可能なことの経験（expérience de l'impossible）」と表現しました。それは、理解することが不可能な事柄や理解から逃れ出る他者を、それでもあえて自分なりに理解しようとすることにほかなりません。

他方で、デリダはこの世において現れがたいものを「正義」としました。それは人間が有限な存在である以上、この世を生きる人間のなかに完全な正義を体現する存在などありえないということを意味します。人間は皆それぞれの立場からの、完全なる正義の一部を解釈しているにすぎないのです。それゆえ、人間は姿を現すことのない完全な正義の体現者として神を創造しました。有限性の自覚こそが人間の謙虚さであり、同じ有限な存在である他者との対話にみずからをいざなう秘訣なのです。

私はこの正義をめぐる定義が私たちの経験にも当てはまるように思います。不可能なことを経験したときは、人は何が起こったかわからない。でも、何年も何十年も待っているうちに、少しずつでも理解できるようになるかもしれません。大切なのは、その経験を形に表していくことだと思います。不可能なことの経験は、その人の存在を根本から変えてしまうものです。どんなふうに変容するのかは予測もつきません。構造の内部に潜む差異や矛盾を暴くことをデリダは「脱構築」と呼びました。不可能なことの経験はその人の生を自分でも思ってもいなかった場所に運んでいきます。それは脱構築の過程とも言えるでしょう。

その出来事が完全に言葉に置き換えられる日は来ません。完全には置き換えられないからこそ、さまざまな角度から、さまざまなかたちで、言葉にすることができるし、何度でも語ろうとすることができます。言葉だけではないでしょう。東日本大震災では、多くの記念碑や記憶の博物館がつくられ続けています。目に見えるようにすることで、人間は自分が遭遇した過酷な出来事のなかに呑み込まれてしまうことなく、他者と共有する記憶を構築していくこともできるのです。

「あなた」を探して

第5章　自分のなかにいる他者

ジミ・ヘンドリックス

行き場のない叫び

白雪姫の物語を知らない人はいないでしょう。意地悪なお妃は、鏡の前に立ってこう言います。「鏡よ鏡、この世で一番美しいのは誰？」。これは質問ではありません。彼女は最初から答えを決めていますから。鏡は「はい、あなたです」と答えるほかありません。しかし、ある日、鏡は「それは白雪姫です」と答えます。怒り狂ったお妃は、白雪姫を殺そうとします。お妃は鏡に映った、ありのままの自分を認めることができなかった。あるべき自分、美しい自分を守るために、白雪姫を亡き者にするほうを選んだのです。

第1章で、漱石の体験を挙げて「鏡とアイデンティティ」についてお話ししました。私たちは鏡のなかに、見たくない自分の醜い姿を発見するかもしれません。第4章では、大変気の重くなるアウシュヴィッツ強制収容所のお話をしました。ごくありふれた私たちのような人間にも悪はあること——悪の凡庸さ——について考えました。鏡には、思いもかけない自分のなかに潜む悪が映るかもしれません。そんなとき、鏡を壊せば解決するのでしょうか。お妃のように他者を攻撃するのでしょうか。

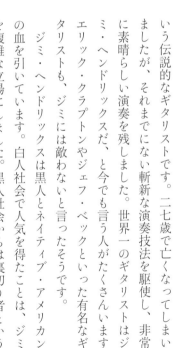

私は、ここからが物語の始まりだと思います。自分の想像していない自分に出会ったときにこそ、物語が始まっていくのですから。

ジミ・ヘンドリックス

この人は、ジミ・ヘンドリックス（一九四二—一九七〇）という伝説的なギタリストです。二七歳で亡くなってしまいましたが、それまでにない斬新な演奏技法を駆使し、非常に素晴らしい演奏を残しました。世界一のギタリストはジミ・ヘンドリックスだ、と今でも言う人がたくさんいます。エリック・クラプトンやジェフ・ベックといった有名なギタリストも、ジミには敵わないと言ったそうです。

ジミ・ヘンドリックスは黒人とネイティブ・アメリカンの血を引いています。白人社会で人気を得たことは、ジミを複雑な立場にしました。黒人社会からは裏切り者という扱いを受けたこともあったそうです。ネイティブ・アメリカンは土地と生活手段を奪われ、居留地で将来の展望もなく暮らすことを強いられました。ジミも身近な人たちをとおして、そうしたネイティブ・アメリカンの苦境を目にしていたでしょう。「おれは誰なんだ?」というアイデンティティの問題が彼を苦しめたことは想像にかたくありません。

一九六九年、アメリカのニューヨーク州ウッドストックで、ロック・フェスティバルが開かれました。皆さんは聞いたことがないかもしれませんが、当時「ヒッピー」と呼ばれる人たちがいました。時代はベトナム戦争の最中。ヒッピーたちは戦争に反対し、ラブ&ピースを合言葉に、政治的革命ではなく、平和と愛で社会を変えようと運動しました。残念ながら、結果としてあまり上手くいかなかったのですが、ウッドストック・フェスティバルはその運動を象徴するコンサートでした。三日間のイベントの最終日にトリを務めたのが、ジミ・ヘンドリックスでした。そこで、彼はアメリカの国歌「星条旗よ永遠なれ」を演奏します。

このときの様子を記録した『ウッドストック』(一九七〇年)というドキュメンタリー映画があります。この映画が一九七九年に東京でも上映され、私は見に行きました。ジミ・ヘンドリックスの演奏を聞いて、大変衝撃を受けました。この爆音はアメリカの爆撃機からベトナムに落とされた爆弾だと言われています。アメリカの国歌を綺麗に演奏しようとしても、爆撃の音がそのメロディを皆さんなら察しがつくでしょうか。メロディが爆音でつぶされていってしまうのです。つぶしてしまう。ジミは爆音を積み重ねるように演奏していき、最後にはメロディがほとんどなくなってしまいます。

「すごい音だな」と思いました。音楽というものはメロディがあって初めて成り立つものだと思っていましたから、びっくりしてしまったんです。でも、ジミのなんとも言えない叫びを聞いた気がしました。そして、これはアメリカの若者たちの心の叫びなんだと感じました。

ベトナム戦争は分断された北ベトナムと南ベトナムの戦いで、北にはソ連が、南にはアメリカがついたことから、アメリカとソ連の代理戦争とも呼ばれています。泥沼化したこの戦争へ、多くのアメリカの若者たちも送り込まれました。アメリカはベトナム人の上に爆弾を落として殺しました。一方、ベトナム人はジャングルに隠れて、ゲリラ戦を展開しました。いつ殺されるかわからない不安、ベトナム人を殺すことが正しいんだろうかという悩みを抱えながら、たくさんの若者たちが戦場に送られました。ウッドストックの会場にも、何日か後にはベトナムに飛んで行かなければならない若者たちがいたでしょう。「正義の戦争」だと信じることができない戦争に無理やり連れていかれる理不尽さ。出発したらもう戻ってこられないかもしれません。こうした若者たちの苦しみを、ジミ・ヘンドリックスはギターで表したのだと思います。

ベトナム戦争に日本も関係しています。沖縄の嘉手納基地から爆撃機が飛び立ち、東京の横田基地は部隊や兵器を送りだす重要な輸送拠点でした。当時は東京と神奈川にいくつも米軍基地がありました。私の友人は、新宿駅のビルの屋上から、アメリカ兵の遺体が入っている貨物車が走っていたのを見たそうです。アメリカ兵たちは日本に来て、そこからベトナムへ飛んで行ったんですね。ですから、戦地で死んで戻ってくる最初の場所は、アメリカではなくて、新宿や横浜など基地のある場所だったのでしょう。

当時の『ガロ』とか、若者たちに好まれた漫画雑誌を読むと、アメリカ人とベトナム人の戦いを日本人がアメリカ側の立場から手伝ってよいものなのかという日本の若者の苦しむ声がたくさん描かれていたことを、今でも私は記憶しています。

一八歳でのジミ・ヘンドリックスとの出会いは、醜くてわかりにくいもののなかに、大切な宝物が詰まっているんだと教えてくれました。ジミの音楽を夜、窓から空を見上げながら何度も聴きました。自分のなかにもある、生き場のない叫びにふれたような気がしました。ジミの孤独な魂にふれて、自分の魂のなかをのぞき込む勇気をもらいました。もし綺麗な美しい曲だったら、きっとそうはいかなかったでしょうね。

何がギターを弾かせるのか

私は、二〇一三年に、講演のためカナダに行きました。仕事が終わったあと、シアトルに住む友人が車でカナダまで迎えに来てくれました。「ジュンイチ、きみはジミ・ヘンドリックスが好きなんだよね？　じつはシアトルに、ジミ・ヘンドリックス博物館ができたんだよ」と教えてくれたのです。ジミ・ヘンドリックスはシアトル生まれだったんですね。そして彼は博物館に連れていってくれました。そこになんと、ジミがウッドストックでかき鳴らした白いストラトキャスターが展示されていました。それを見たとたん、言葉にならない感情がこみ上げてきました。

ジミには有名な逸話があります。彼はひとりになるとよく泣いたそうです。自分の心のなかに悪魔が住んでいて、その悪魔が自分にギターを弾かせるんだ、弾いていると自分が自分でなくなってしまうときがある、それがとっても怖いんだ、と。ジミも、鏡のなかに正体のつかないものを見たのでしょう。得体のしれないもの――悪魔――が素晴らしい音楽をつくりだし、私のようなファンはそれで大いに救われたわけですが、彼自身はずっと苦しんでいたそうです。

ここで、ジミが悪魔と呼んだものについて、もう少しわけいって考えてみましょう。精神分析の創始者フロイトは論文「無気味なもの」（一九一九年）のなかで、こう述べています。

> この「無気味なもの」は実際にはなんら新しいものでもなく、また、見も知らぬものでもなく、心的生活にとって昔から親しい何ものかであって、ただ抑圧の過程によって疎遠にされたものだからである。

（「無気味なもの」高橋義孝訳、『フロイト著作集3』人文書院、一九六

ジミの白いストラトキャスター

九年、三四七頁）

つまり、慣れ親しんできたもののなかにこそ不気味なものがある。

フロイトの所に来た、ある相談者が語ったエピソードを聞いてみましょう。毎日食事をしていると、食卓から変な生臭いにおいが、まるで密林に住むワニのようなにおいが漂ってきます。みんなが仲良く食べている食卓からなんでこんな嫌なにおいがするんだろう？　よくよく調べてみると、椅子にワニの模様が彫られていて、どうやらそこから変なにおいが発しているらしい。つまり、「親密だ」「馴染みがある」と思っているところに、見知らぬもの、受け入れがたいものがある。

こんなことはあるはずがないと、皆さんは思うでしょう。でも、この話をした相談者にとってはたとえ話などではなく、ありのままの現実なのです。精神分析では、物理的に起こりうるかどうか吟味するのではなく、その人にとって現実にしか思えないことを分析者も共有していきます。相手の話を真剣に聞くためには、まず自分の常識をカッコのなかにくくることが必要なんですね。

第4章で「他者とは差異である」という話をしました。「他者」というのは見知らぬ存在、理解できない存在です。それは物理的な他人を指すだけではなく、じつは自分の心の奥――無意識――にも潜んでいる。ただし、意識の上に浮かびあがらないから、普段は知りようがない。でも、それがときどき、意識の境界線に浮かんでくることがあります。そのとき、私たちはびっくりするけれど、逃げちゃいけないよ、よく見てごらん、とフロイトは言います。

第4章で少し紹介したジャック・デリダという哲学者は、『マルクスの亡霊たち』（一九九三年）という本のなかで、興味深いたとえ話をしています。

皆さんが机に座って、本を読んでいる。すると背後から、コンコンと音がする。あれ？と思って、後ろをふりむく。誰もいない。なんだ、気のせいかと思って、また本を読みはじめる。そうすると、トントンと背中をたたかれる。ええっ？とびっくりして後ろを向く。誰もいない。それが何度も繰り返される。私たちに亡霊は見えないが、亡霊から私たちは見られている。この姿が見えない亡霊のような存在を、デリダは「全き他者」と呼びます。後ろに誰も見えなくても、ふりむくことが大事だとデリダは言います。


幽霊について話さねばならず、ひいては幽霊に対して話さねばならず、さらには幽霊とともに話さねばならない。

（『マルクスの亡霊たち――負債状況＝国家、喪の作業、新しいインターナショナル』増田一夫訳、藤原書店、二〇〇七年、一三頁）


いかなる正義も、死んでしまった者たちやまだ生まれていない者たち、すなわちここにはいない者たちへの責任と敬意なしには考えられないし、可能ではないと、デリダは考えます。言うまでもなく、自分自身こそが己《おのれ》にとっては一番気づきにくい「全き他者」なのです。

太陽を見つめてしまうこと

第1章で取り上げた夏目漱石の話をふたたびしたいと思います。夏目漱石はどういう人だったのか？　評論家・柄谷行人（一九四一―）の言葉をヒントに考えてみましょう。

夏目漱石は男女の三角関係をよく描きました。自分は想うけれども相手からは想われない。自分は想っていないのに、相手から想われてしまう。思うようにいかないのが人間関係であり、漱石はそれを三角関係として描いていると、柄谷は理解します。たとえば、漱石の描く不貞というのは、あくまで善人でありたいという個人の意識をこえた何ものかが、三人の登場人物の関係性を狂わせていってしまう。それはとても自分の倫理的な態度で制御できるようなものではないのです。

おそらく、漱石は人間の心理が見えすぎて困る自意識の持主だったが、そのゆえに見えない何ものかに畏怖する人間だったのである。何が起るかわからぬ、漱石はしばしばそう書いている。漱石が見ているのは、心理や意識をこえた現実である。科学的に対象化しうる「現実」ではない。対象として知りうる人間の「心理」ではなく、人間が関係づけられ相互性として存在するとき見出す「心理をこえたもの」を彼は見ているのだ。（中略）人間はある現実的な契機に強いられたときには、太陽をみつめることもありうるのだ。ありうるということの恐しさを、漱石は「慄《ぞっ》とする」ような孤独において思い知ったのだった。

（柄谷行人『増補　漱石論集成』平凡社ライブラリー、二〇〇一年、四八―四九頁）

「何ものかに畏怖する」とは、鏡の向こう側に現れる何ものかを恐れるということでしょう。自分の予期しないもの、あるいは認めたくはないけれど本当の自分の願い、そうした無意識に潜んでいるものとの出会いを、どうしても人間は恐れるものです。そして、「何が起るかわからぬ」とは、たとえば、望ましくない不倫関係のなかで駆け落ちをして社会的身分をすべて失い、世間から隠れるように長屋暮らしをしている、というようなストーリーで語られることでしょう。『こころ』の主人公である「先生」は、親友を裏切ってお嬢さんと結婚してしまいます。漱石が見ている「心理や意識をこえた現実」とは、自意識に収まらない無意識のことでしょう。つまり、個人の意識が人間の主人ではなく、むしろ意識の及ばない無意識こそが人間を動かす主人公なのだ。そのように漱石の物語は、自分の意識ではどうにも防ぎようのない運命的な出会いを、それこそ不気味なものとして私たち読者に語りかけているのではないでしょうか。

人は人に働きかけると同時に働きかけられる。被害者であると同時に加害者にもなる。そういう「人間関係の網の目」のなかに生きる人間の宿命は、よい夫であろう、勤勉な社会人であろうとする自意識をこえて行動してしまう。「太陽をみつめる」とは、見てはいけないものを見てしまう、つまりタブーを犯すことです。漱石は人にそうさせる心の闇をわかっていたからこそ、畏怖したのだと思います。

鏡の向こうに、日頃は隠されていたもうひとりの私を見てしまうことがある。そのとき、人間はどうしようもなく変わってしまう。それによって、その人は孤独に追いやられる。だから、ジミ・ヘンドリックスはひとりになると泣いていたのでしょう。

誰もがもうひとりの自分を見てしまうわけではありません。でも、いったん見てしまった人間は、もう引き返すことができなくなります。そして、他の見てしまった人間と出会う旅を始めなくてはならなくなります。生きているうちに会えるか、会えないかわからないのだけれど、その人に会ったときに恥ずかしくないよう、心の準備をしなければならない。闇のなかに勇気をもって下りて行かなければならない。

漱石もこの旅を続けていたのではないかと私は思います。彼は『明暗』という小説を書いている途中に胃がんで亡くなりました。だから、この小説は未完のままです。人生の光と影という題名をもつこの小説にどういう結末を漱石が与えようとしていたのか、私たちには永遠にわからないままです。漱石の旅の先に何を見いだすかは、私たちに委ねられています。

私たちも、自分のなかの闇へと下りていってみましょう。ジミ・ヘンドリックスの演奏が私に教えてくれたように、一人ひとりが感じている孤独こそが、人と人を結びつけてくれることだけは確かなように思えるからです。

　ヘンドリックスに終生つきまとっていた悪魔の叫びとは、彼がいまだ生きることのできないでいるもうひとつの生の可能性を示すものであったかもしれません。苦しみながらも、ヘンドリックスは一生懸命、その呼びかけにギターで応じようとした。だからこそ、あのようにメロディというかたちさえとることのない、原初の音の塊をウッドストックでみごとに表すことができたのでしょう。彼の孤独な存在のあり方こそが、それまで誰も聴きとることのできなかった亡霊の叫びを、同じように存在の不安に苦しむ人たちに、確かなかたちで伝えることを可能にしたのです。

第6章 「居心地の悪さ」を引き受ける

ジークムント・フロイトとエドワード・サイード

心の闇に下りていく旅

人間の心というものは居場所を考えるうえでとても大事なものです。ある意味で、心は自分の居場所ですよね。自分の心と自分がしっくりしていれば、どこにいても、どんな状況でも、何かを見いだすことができるでしょう。逆に、どんなにお金持ちでも、どんなにすぐれた能力や容姿をもっていたとしても、心と自分がしっくりしていなければ、幸せを感じることは難しく、居場所がないと感じることでしょう。

私は大学を卒業してからしばらく高校の教師をしていました。でも、あまり上手く生徒たちに教えられなくて、心身に変調をきたしてしまいました。それで、初めて精神分析を受けました。先生はユング派の方でした。京都に引っ越してからラカン派の先生に会い、その方の分析を長い間受けました。今は故郷の水戸にふたたび拠点を移しつつあるので、東京でフロイト派の先生の分析を受けていきます。先生のひとりが、「精神分析の白い部屋は君の心だよ。ぼくは、きみがきみの心の世界を旅する立会人だ」。いい言葉だなあと思いました。

たとえば、あなたが「学校に行きたくない」と思う。そのとき、「どうして私は学校に行きたくないんだろう?」と心のなかに下りて問うてみる。心のなかに自分では気づかなかった闇が眠っています。その闇まで下りていくことで、光にも出会える可能性があります。でも、そのような闇までひとりで下りていくことはとても大変です。ですから、分析家が旅に随行します。

フロイトの精神分析室(ROBERT HUFFSTUTTER 撮影)

上の写真は、ウィーンにあるフロイト博物館に再現されている精神分析室です。中央にあるカウチに身を横たえて、相談者は自分の心のなかに浮かんでくる風景を語ります。分析を受ける人をアナリサント(分析主体、analysand)と言います。心を旅する主体は自分だからです。その隣の椅子に分析家が座ります。カウチと椅子は、相談者と分析家が目を合わせなくていいように置かれています。分析家は「うんうん」となるべく簡単な相づちだけを打って、絶対に答えを与えたり、求められていることに同意したりしません。その代わり否定もしません。「一緒にいるから安心していいよ」という場をつくって、相談者が心の旅に出られるようにサポートします。

心を相手に預けることを「転移（transference）」、逆に相手から心を預けられて信じ返すことを「逆転移（counter-transference）」と言います。その転移と逆転移が上手くいくと、信頼関係が生まれ、安心して深い心の闇に下りていくことができます。精神分析室では、自殺をしたい、人を殺したい、そんな話まで出るようです。たとえ、そういう話を聴いてしまっても、分析家はこの話を部屋の外に漏らすことはできないそうです。

その場所で決まった時間にしか会わないから、相談者にとって分析家はプライベートのにおいのまったくしない、まるで聖職者のような存在です。相談者は、分析家が万能であるような期待感をいだきます。それこそが転移の正体です。だから、分析家は相談者と、分析室の外で会わないのが原則。そうしないと、転移はあっという間に消えてしまいますからね。

お互いのことがよくわかっているはずの家族でもわからないことがあります。それに、相談する相手が身近な人だと、かえって難しいときもあります。お母さんやお父さんだったら、「馬鹿なこと言ってるんじゃないの。さっさと学校に行きなさい」と小言を言われるかもしれませんよね。身近な人には責任や役割がついてまわりますから。月に数回、決められた場所・時間でしか会わない人だからこそ、打ち明けられることがあります。

分析室の写真をもう一度見てください。椅子の後ろにいろいろな像が置かれていますね。これはフロイトが集めた骨董品だそうです。ヨーロッパ人の心の底にある古いものをアルカイックと言います。アルカイックには、心のなかに眠ったままのもの、という意味もあるそうです。その眠ったままのものに出会うことを、フロイトは「無意識を掘り下げる」と表現しました。

モーセと一神教

居場所がないということは、ある場所に居ることは居るんだけど、居心地が悪いということです。この「居心地の悪さ」について考えた人が、精神分析学の祖ジークムント・フロイトです。フロイトはユダヤ人で、その立場は不安定なものでした。彼は大学のポストを得られず、一般開業医として精神分析学を始めます。

一九三八年にナチスがオーストリアに進攻してから、フロイトは命の危険にさらされ、彼を慕う人たちの働きかけによって、イギリスに亡命します。すでに癌におかされていたフロイトですが、亡くなるまで診療と執筆を続けました。ここで発表したのが「モーセと一神教」(一九三九年)という有名な論文です(邦訳はちくま学芸文庫、光文社古典新訳文庫ほか)。

「モーセと一神教」は、ユダヤ教の成立をフロイトなりに、ユダヤ人の無意識の底に下りて発掘した物語です。いわば、フロイトがいだいていたユダヤ教に対する「居心地の悪さ」に向き合った著作です。モーセは旧約聖書に出てくる人物です。『出エジプト記』に描かれているように、モーセはエジプトで奴隷のような扱いを受けていたユダヤ人を引き連れてエジプトから逃げます。紅海を渡り、荒野を旅して、シナイ山で「十戒」――ユダヤの神様が定めた十の戒め――を受けます。フロイトはその物語について、ユダヤ人はひとつだけ無意識のうちに記憶を書き換えてしまった、と指摘します。というのも、モーセはユダヤ人ではなく、エジプト人だった。彼に導かれて脱出したユダヤ人たちは、「十の戒めを守れ」という厳格なモーセに嫌気がさして、殺してしまった。これはフロイトのつくりだした有名な概念「エディプス・コンプレックス」――父親があまりに権威をもつと、父親を殺して、母親と仲良くなろうとする――ですね。史実かどうかはともかく、フロイトは、ユダヤ民族にとっての父親はモーセというエジプト人だったという仮説を立てて、反ユダヤ主義の由来を探ろうとしました。

当然のことながら、この説はユダヤの人たちには耐えがたいものでした。もし皆さんが、日本人の祖先は日本人ではなかったといわれたら、「えー？　ちょっと待って」と思いませんか。日本人の祖先は日本人でしょ？　万世一系の天皇がいるでしょ？　でも、じつのところ、そういった根拠づけは近代以降になって生じた、民族に対する考え方にすぎません。そのことは、第3章でも考えましたね。

自分の居心地の良さを、血や家族、民族に求めてしまうと、アイデンティティは狭く排他的なものになってしまいます。そのような血のつながりは絶対的なものじゃないよ、とフロイトは言いました。ヨーロッパの基が非ヨーロッパ人によってつくられて、ユダヤ教の基もユダヤ人ではないエジプト人によってつくられたと思えば、誰が仲間で、誰が敵だと血で判断する近代の民族や国家というのは虚構なのではないか。フロイトはそう問題提起したのだと思います。

故郷がないということ

このフロイトについて、文学研究者のエドワード・サイード（一九三五―二〇〇三）が二〇〇二年に講演をしました。演題は「フロイトと非‐ヨーロッパ人」、場所はロンドンのフロイト博物館です。

こうした［アイデンティティの］限界のフロイトにおける象徴は、ユダヤ人のアイデンティティの創設者自身が非‐ヨーロッパ人のエジプト人だったという点に据えられていました。言い換えれば、アイデンティティは、それ自身だけでは、思考されえない、あるいは作動しえないのです。すなわちアイデンティティは、根源的に起源的な断絶あるいは抑圧されることのない瑕疵《かし》をともなうことなく、みずからを構成したりあるいは想起したりすることができないのです。

(「フロイトと非‐ヨーロッパ人」『フロイトと非‐ヨーロッパ人』長原豊訳、平凡社、二〇〇三年、七一―七二頁、［ ］内筆者加筆)

サイードはエルサレムに生まれたパレスチナ人です。ユダヤ人によるイスラエル国家の成立によって、パレスチナ人は土地を奪われました。サイードは、パレスチナからエジプトへ、エジプトからニューヨークへと移り住み、コロンビア大学で教えました。ユダヤ人のフロイトとパレスチナ人のサイード、立場はまったく違いますが、彼らに共通しているのはどちらも「エグザイル(exile)」――故郷喪失者――であったということです。

サイードは「わが帰還の権利」というインタビューで「故郷がない」という状態について吐露しています。

帰ることができないということです。これは、わたしのなかにあるほんとうに強い感情です。わたしの人生を表現するなら、出発と帰還の連続です。しかし出発はつねに不安です。帰りはいつも不確かです。あてにならないのです。(中略)どこにも属していないという感情を、わたしはいつもいだいているのです。ほんとうにどこにも属していない。なぜなら、ここで生まれ育ったわけではないからです。そして、わたしが生まれ育った場所とは、誰かべつの人が、わたしのではなくその人のものだと主張している場所なのです。こんなふうに、出身がどこかということにさえ、つねに疑問符がつきまとっているのです。

（「わが帰還の権利」田村理香訳、『権力、政治、文化――エドワード・W・サイード発言集成（下）』太田出版、二〇〇七年、三〇二頁。インタビューは二〇〇〇年に行われた）

故郷喪失者だからこそ、サイードは、わからないことを前提とした、わかりあおうとする共同体に希望を求めました。わかりあう者だけによって「わかりあう共同体」をつくることは暴力的で、排他的なことではないのか。そんな共同体は、誰かにとってはものすごく「居心地の悪い」場所ではないか。そうではなく、それぞれが少しずつ「居心地の悪さ」を引き受けて、一部の人に「居心地の悪さ」が集中しないような共同体のほうが、結果として皆にとって居心地が良いのではないか。そうサイードは考えました。

エドワード・サイード

私はサイードには会うことができませんでした。私がアメリカを訪れた二〇〇三年九月にサイードは白血病で亡くなったからです。その日、私はコーネル大学で、講演の準備をしていました。私を呼んでくれたのは、友人の酒井直樹さんです。酒井直樹さんは東京大学を出たあとロンドンの商社で働き、それからシカゴ大学で日本研究を始めました。シカゴ大学では当時、ハリー・D・ハルトゥーニアンというアルメニアから来た先生と、テツオ・ナジタという日系アメリカ人の先生が日本研究をしていて、非白人のマイノリティの人たちが勉強する場所として有名でした。酒井さんもそこに流れ着きました。そして、酒井さんは、シカゴ大学に教えに来ていた英文学者のマサオ・ミヨシさんを介して、サイードとも親しくなりました。

酒井さんは、それからハーバード大学で半年間過ごすことになる私に、コーネル大学で講演をする機会を与えてくださって、こんな助言をしてくれたのです。「白人じゃないきみはきっといじめられるだろう。きみが何を言っても、「日本人だから」で片づけられてしまう。きみの声を聴こうとする人は少ないだろう。でも、それが学問にとって大切なんだよ。白人という居場所をもらえないきみは、「居場所のなさ」が本当の意味でわかるようになる。日本人として日本で育ったきみにはわからない、日本にいるマイノリティの気持ちがわかるようになる」。

酒井さんとそんな話をしていたとき、電話がかかってきました。ニューヨークのサイードのオフィスからでした。サイードの訃報を知らせる電話でした。そのときの酒井さんの、悲しそうな、つらそうな、なんとも言えない表情を、私は一生忘れないでしょう。

酒井さんはそのときこう言いました。「わかりあえないという感覚が、わかりあえる感覚の基礎をなすことがあるんだよ。どうあがいてみても、基本的に人間と人間はわかりあえないものなんだ。わかりあえないという謙虚な気持ちになって初めて、自分とは考えも感性も違う相手をありのままに認めることができる。そのときに、相手を自分には理解しがたい存在として、そのわからなさそのものを受け入れる可能性も出てくるのだと思う」。ああ、酒井さんとサイードの友情ってそういうことなんだなと思いました。

「わからなさ」を前提に

それから一三年後の二〇一六年に、私はサイードが使っていた研究室を訪れました。サイードの研究室を引き継いだ英語文学者のゴウリ・ヴィシュワナータンさんが、「ジュンイチ、あなたはサイードが大好きでしょ。生きているときに会えなかったから、私の部屋においでよ」と呼んでくれたからです。インド人の彼女はサイードの最晩年の弟子でした。私は酒井さんの紹介で彼女を日本の会議に招いてから、親しくさせてもらっていたのです。

行ってみて驚きました。サイードの部屋のドアは一〇センチもの分厚さなんです。「なんで、こんなに厚いんですか?」と聞くと、「サイードは、イスラエルのパレスチナ政策を批判してたから、アメリカに住む親イスラエル派のユダヤ人にいつも命を狙われていたんだよ」とヴィシュワナータンさんは教えてくれました。

ドアを開けると、三メートル四方の部屋があります。「この部屋は何ですか?」「これは警備員の部屋。ここのドアを蹴破って暴漢がやってきたら、サイードが殺されてしまうから、サイードが在室中はいつも警備員がいた。私はそんなに有名な先生じゃないから、警備員はいないけどね」と彼女は笑いました。そしてもうひとつのドアを開けると、サイードの部屋でした。サイードは、イスラエルとパレスチナは土地を共有したほうがいいという考えでした。それは、イスラエルを支持する一部のユダヤ人にとっては耐えられない意見だったのでしょう。サイードはイスラム教徒ではなくキリスト教徒の家に生まれました。それは、彼をパレスチナのなかでも難しい立場にしました。あいつはユダヤ・キリスト教のほうに近い、イスラエル寄りなんじゃないか、と噂されたそうです。

サイードは『文化と帝国主義』（一九九三年）で語っています。

わたしが「故国喪失者」というとき、わたしは悲痛なもの、あるいは喪失感というものを意味していない。それどころか、帝国主義によってふたつに分断された両側に、いわば所属することによって、両側をいとも易々と理解できるようになったのだ。

（大橋洋一訳、みすず書房、一九九八年、第一巻、二七―二八頁）

サイードは故郷がなくてもいいと言います。故郷がないから、居場所がないから、世界中を旅することができるし、いろんな人と会うことができる。「居心地の悪さ」が人生の可能性を開いてくれた。

サイードは、パレスチナ側、イスラエル側のどちらかに立つのではなく、その両方がどうやってお互いを許しあい、わかりあえるのかを考え続けた人です。つまり「わからなさ」を前提とした「わかりあう関係」のために一生を尽くした人だと思います。そのぶん、パレスチナ側からは裏切り者、イスラエル側からは敵として、双方から憎しみの眼差しを向けられてきました。彼の研究室の分厚いドアはそれを如実に物語っていますね。苦労が絶えない大変な人生だったと思います。でも彼は、多くの心ある人たちから尊敬と信頼の念を寄せられ、国境や人種の隔たりをこえて世界中に友人をもっていました。「居心地の悪さ」を絆とする友情です。

「構えない」ということが大切です。構えてしまうと、自分で囲った円のなかの人しか受け入れられなくなります。フロイトやサイードの故郷に対する考え方から、「居心地の悪さ」を引き受けるという姿勢を、生きる覚悟とでも言えるようなものを、私たちは学ぶことができるのではないでしょうか。

第7章　わからなくてもステイ・ウィズ・ユー
C・G・ユングと孫、そして東日本大震災

ユングの不思議な家

フロイトとは別のかたちで、心の闇に下りていった人がいます。分析心理学者のC・G・ユング（一八七五―一九六一）です。ユングはドイツ系のスイス人で、ブルクヘルツリという有名な精神病院で言語連想実験などの研究に取り組みました。その後、当時ヨーロッパの医学界では異端視されていたフロイトに大きく肩入れします。それなのに、一九一二年にユングが書いた『リビドーの変遷と象徴』という本をめぐってフロイトと決裂してしまいます。ユングは、私講師として勤めていたチューリッヒ大学の職も辞めてしまいます。それからユングは人と会わずに、チューリッヒ湖近くのキュスナハトという田舎町で隠遁生活を始めます。

二〇〇三年に四月から八月まで、ロンドンに滞在したときのことです。いまもキュスナハトに

住むお孫さんのアンドレアス・ユングさんを訪ねました。ちょうどユングが建てた家を博物館にしようという計画が持ち上がっていたときで、「君のいるロンドンのフロイト博物館はどんなの？」と質問されて、いろいろと意見交換しているうちにすっかり仲良くなりました。その後、二〇一〇年から断続的に五年間ドイツに住んだので、その間何度もユングさんの家に遊びにいきました。

ユングの家の入り口は黒いドアです。ドアの上にラテン語で「呼ばれようとも呼ばれまいとも神は存在する」と彫られています。ユングは石工のマイスター免許をもっているので、自分で彫ったのだそうです。家の真ん中は塔のようになっています。塔というのは、ヨーロッパ人にとっては自我・主体を表しています。地面から空に向かって主体をどう伸ばしていくのか、そんな問いが込められているかのようです。

ユングの家

家のなかに入ってみましょう。右奥に見える階段が塔へ続いています。左側の茶色いドアの向こうは居間です。私はここでご飯をご馳走になりました。左奥に白いドアがありま

ユングの家の白い扉

す。アンドレアスさんに「この部屋は何ですか？」と聞いたら、「うーん」と言って口をつぐみました。このドアは、ユング家の秘密を握っているようでした。

二階にあるユングの部屋からはチューリッヒ湖が見えます。「おじいちゃんはこんなふうに部屋から湖を見てたんだ」とアンドレアスさんが言いました。アンドレアスさんのご厚意で、ユングの部屋の椅子に座らせていただいたときには感無量でした。高校生のときから本で読んで、憧れていた遠い世界の人ですから、まさか自分がその方の机に座ることのできる日が来るとは思ってもいなかったからです。

庭にも案内していただきました。とても綺麗な庭で、いたるところにユングが彫った彫刻が飾られていました。まるで心のなかのいろいろな感情に形を与えるかのように。湖畔には舟着き小屋がありました。その桟橋から、ユングはみずから船をこいで出かけたそうです。向かう先は、チューリッヒの反対側、ボーリンゲンという場所でした。ユングはそこに土地を買い、自分で塔を建てました。この塔はきっと彼の心のなかの風景だったんでしょうね。私はここにも連れていってもらいました。

さて、ユングの家の白いドアの向こうには誰がいたのでしょう。ユングの恋人だと、アンドレアスさんがのちに話してくれました。トニ・ヴォルフという女性で、ユングの精神分析を受けに来て、いつしかユングが自分の家に住まわせるようになりました。アンドレアスさんは、トニさんと一緒にご飯を食べていたそうです。「ほんとに困った家だったよ」と言っていました。それは気まずかったでしょう。いくら広い家でも、おばあちゃんと恋人がおじいちゃんを挟んでいたわけですから。

心の闇に呑み込まれて

ユングは「死者への七つの語らひ」という奇妙なメモを一九一四年に残しています。ベルが激しく鳴って、死者が押し寄せてきた。彼らは「われわれはエルサレムより帰って来た。そこにわれわれは探し求めるものを見出せなかった」と叫び、死者の話をしゃべる、という話です（「無意識との対決」河合隼雄訳、『ユング自伝1——思い出・夢・思想』みすず書房、一九七二年、二七一—二七二頁）。ユングがフロイトと喧嘩して精神的にまいっていたときに見た幻なのかもしれません。ともあれユングは、自分の心のなかに死者が入ってくるという経験をしました。死者が語るというのは、第5章で紹介した、まさにデリダの言う亡霊ですね。

精神分析の志をともにしようと誓ったフロイトとの決裂後、自分の社会的地位をすべて投げ捨てて、ユングは死者のざわめきに導かれ、自分の内面へと下りていきます。一九一四年から一九三〇年の長きをかけて書き続けられたのが『赤の書』という日記です。キリスト教のグノーシス派や錬金術といった異端視された思想の影響が色濃いことから、長い間、家族以外の者がひもとくことを禁じていました。二〇〇九年に遺族たちの同意を得て刊行され、日本語でも読むことができます。ユングは孤独な心の秘密への旅をへて、「集合的無意識」「個性化過程」「共時性」といった独自の言葉を紡ぎだしていきました。

人間の無意識には、抑圧された個人の経験に由来する個人的無意識と、長い人類の歴史の記憶が地層のように積み上げられてできている集合的無意識があるとユングは考えました。集合的無意識は抑圧された人類の歴史として、人の自我意識を歪ませるだけでなく、人の成長をうながしてくれる大切な心の大地であると言います。ユングにとって、神話や昔話は荒唐無稽な迷信ではなく、太古の昔からの人類の経験を伝える記憶を集積した宝庫なのです。その神話論の総決算が、晩年の大著『変容の象徴――精神分裂病の前駆症状』(一九五二年/野村美紀子訳、ちくま学芸文庫、上・下、一九九二年)です。

ただ、このような自己の闇との対決はひとりでなしうるものではありませんでした。それを見守る旅の同伴者、ソウルメイトが必要でした。ユングにとっては、それがトニ・ヴォルフでした。トニ自身、分析家であり、ユングを助け、重要な概念の定義づけにかかわりました。不幸なことに、日常生活をともにする家族と、魂の旅をともにするソウルメイトは、別の人物に担われざるをえなかった。家族の平和を打ち破るような非倫理的な行動は決してほめられたものではありませんが、トニの存在はどうしても欠かすことのできないものだったのでしょう。近年に刊行されたナン・ヒィリィ『トニ・ヴォルフ&C・G・ユング　コラボレイション』（二〇一七）は、謎に満ちた両者の関係を具体的に解き明かそうとした労作と言えるでしょう。それによればユングは、孤独な魂の模索の場であるボーリンゲン塔にトニだけはしばしば伴っていたようです。

ユングが書いた『転移の心理学』（一九四六年／林道義・磯上恵子訳、みすず書房、新装版二〇一六年）という本があります。この本のなかには錬金術の絵が描かれていて、最後の絵は男性と女性の身体がひとつに溶けあっています。それをユングは「結合の神秘」と名づけました。ユングとトニ・ヴォルフの関係は、当人たちにとっては「結合の神秘」だったのかなと想像します。でも、私には不吉な絵に思えました。相手の他者性が抜け落ちてしまい、完全にひとつの主体として溶けあうという幻想に呑み込まれてしまったとすれば、その転移＝逆転移は失敗ではないか、という思いを禁じえません。

他者性とは、完全には理解できないという現実を根底にもちつつも、だからこそ相手と重なりあいたいという欲望を喚起するものです。第４章で紹介したレヴィナスの言葉を思い出してください。それは、現実と欲望の往還関係のなかにこそ存在するものでしょう。だから大事なことは、理解できないものにどう立ち会うかであって、理解できると思ってしまったらまずいのではないかと思うのです。

フロイト派の精神分析医、北山修さんは『心の消化と排出——文字通りの体験が比喩になる過程』(創元社、一九八八年/新版は二〇一八年)という重要な本を書かれています。この本のなかで北山さんは、自分にとって不愉快な出来事を性急に理解しようとすることなく、そっと置いていくことも心の大切な役割であると説きます。他者性とは多様な側面をもつものですか、しばしばその理解のしがたさは、自分を脅かすものとして不快なもの、あるいは不気味なものというかたちをとります。容易ではありませんが、心を訓練して、育てていく必要がある能力と言えるでしょう。

わからなくても「ステイ・ウィズ・ユー」

二〇一一年三月一一日に東北地方太平洋沖を震源とする地震により東日本大震災が起きました。巨大な津波が東北沿岸をおそい、多くの方が亡くなられました。津波によって全電源を喪失した福島第一原子力発電所はコントロール不能になり、メルトダウンによって原子炉建屋が爆発しました。一二都道府県で二万二千人以上の死者・行方不明者が出た、甚大な災害です。

多くの宗教者が被災地に赴きました。私の友人の僧侶もそのひとりでした。人生とは?肉親の死にどう耐えるか?という説法をしたそうです。でも、被災者の方々はこう言いました。「おれは坊さんの話なんか聴きたくねえさ。おれが聴いてほしいのは、おれが悲しいってことだ」。「あんたの説教なんかいらないよ。あんたは子どもを亡くしたのかね? 親を亡くしたのかね? 家を失くしたのかね？」」。友人は「私は傲慢でした」と頭をうなだれて謝ったそうです。そうして、黙って被災者のお話を聴いたそうです。「私ができるのは、話を聴かせていただくこと、立ち会うこと」と彼は言いました。なんだか精神分析家のようですね。

「聴く」と「話す」は対をなします。第3章で取り上げたスピヴァクさんの話を覚えていますか。「サバルタンは語ることができない」とスピヴァクさんは言いました。なぜなんでしょう？話を聴いてくれる人がいないからです。

『フクシマ・モナムール』という素晴らしい映画があります（ドーリス・デリエ監督／ドイツ／二〇一六年製作）。桃井かおりさんとロザリー・トーマスさんという俳優が共演しています。桃井かおり扮するのは、福島最後の芸者だという、サトミというおばあさんです。マリーというドイツ人女性は結婚式直前、婚約破棄となり、傷心のまま逃げるように日本にやってくる。支援団体の一員として福島の仮設住宅を慰問するものの、現地の人たちとなかなか心を通わすことができない。そんななか、仮設住宅に住むサトミと出会い、帰還困難区域にあるサトミの家を掃除しにいき、一緒に暮らすことになります。自分の感情におぼれた状態から、他者に対して注意を向けられるようになるにつれ、マリーの心の傷もやわらいでいきます。

最後のほうに印象的なシーンがあります。マリーとサトミが二人で海を見ています。それぞれが自分の物語を語ります。マリーは婚約破棄に至った真相を。サトミはある人間を津波で見殺しにした過去を。どちらもつらい話です。でもここで注意したいのは、告白する二人は向き合って

『フクシマ・モナムール』より、海を見つめるマリーとサトミ

いないということです。それぞれが海に向かって話しています。海には何がありますか。いうまでもなく、多くのご遺体です。あの津波に呑み込まれ、原子力発電所の爆発によって救助できないまま打ち棄てられた人たちのご遺体が沈んでいるのです。

つまり、二人は福島の死者に向かって告白していることになります。お互いが向き合って、それぞれの傷をしゃべってしまったら、その重みを背負いきれません。一緒に、死者という存在、他者の眼差しに向き合うことで、二人はお互いを傷つけることなく、共存できるような絆をつくることができたのでしょう。ここでは、信頼、すなわち転移と逆転移が、死者という不在の第三者を介して達成されています。

被災地でボランティアをしている友人の僧侶、安部智海さんが、次のようなエピソードを語っています。

この子が私を連れ出したのは、きっと、ひとりぼっちでこの景色を見に来ることができなかったからだろう。誰かと一緒にいるということ、ひとりぼっちじゃないと思えることで向き合えることもあるように思うのだ。たとえ解決策が見いだせない状況であっても、誰かと一緒にいるだけで、前に進めるような気がすることがある。たとえ前に進めなくとも、少しだけ気持ちが和らぐということがある。

（安部智海『ことばの向こうがわ――震災の影　仮設の声』法藏館、二〇一七年、五二―五三頁）

「この子」とは震災で家族を亡くし、家もなくして、仮設住まいを余儀なくされている幼い女の子です。その子が智海さんの手を取ると、何も言わずに走りだして、手をつないだまま二人でじっと、更地になってしまった陸前高田市の光景を見ていたというのです。ここには言葉はいりませんね。つないだ手のぬくもりがあれば、それで十分ですね。

「わからなくてもステイ・ウィズ・ユー（stay with you）」と友人は表現しました。相手の心のなかはわからなくても、そばに「いる」ということが大事なんだ。「聴く」ということの意味を彼は教えてくれました。

第8章　メッセージをどう届けるか

タラル・アサドと酒井直樹

孤独のメッセージ

いじめられていたり、学校に行っても居場所がなかったり、家のなかでも居心地が悪かったりして、自分の気持ちをわかってくれる人が周りにいないとき、誰もいない離れ小島にいるような感じがするのではないでしょうか。思っていることを口にしたら、さらにいじめられてしまうんじゃないか、目立ってしまうんじゃないか、弱さをさらけ出してしまうんじゃないか――。

イギリスの音楽グループに「ポリス（The Police）」というバンドがあります。一九七〇～八〇年代に活躍しました。このポリスが作った曲に、「孤独のメッセージ（Message in a Bottle）」というのがあります。「ぼく」は誰もいない離れ小島からSOSのメッセージをビンに詰めて流します。絶望におちいるまえに誰かが自分を救い出してくれることを願いながら。誰かがメッセージを受け取ってくれるだろうという希望を頼りに待ち続けていた「ぼく」はある日、数えきれないほどのビンが海岸に流れ着いているのを目にします。孤独なのは彼だけじゃなかった。そしてメッセージを誰かに出しているのは彼だけじゃなかった。無数の漂流者たちがみんな故郷を探していることを「ぼく」は知るわけです。

ちょっと恥ずかしい話をしましょう。私は中学校のときにラブレターを書きました。同じ小学校だったけれど、別の中学校に進学した女の子に向けて。私はラブレターを、女の子と同じ塾に通っていた友だちB君に託しました。B君は、いわばメッセージの入ったボトルみたいなものですね。でも、いつになっても返事がありません。なんと、B君は無責任なことに、女の子と同じクラスのC君に渡していたんです。私にとっては大切な心の秘密を打ち明けた手紙であっても、B君には紙切れにすぎなかったんですね。私はC君とは友だちではありませんでした。C君は、「おーい、こんなラブレターがうちのクラスの女子に来てるぞ」と、メッセージをみんなの前で公開してしまったのでした。「孤独なんだって、こいつ」と笑いものにしたそうです。B君は、まずいことになったと思って、ずっとそのことを黙っていました。ラブレターの返事は永遠に来ませんよね。知らない場所で知らない人たちに笑われていたことを、三年後、高校生になってから知りました。

このことから、何を学ぶことができるでしょうか。メッセージを託された人は他の人に見せて笑いものにしてはいけないということです。それは信頼を損なう行為ですよね。その人を傷つけますし、自分も信用されなくなります。メッセージを託されたほうは、秘密をちゃんと守って大事にしてあげなければいけない。

とはいえ、想いは報われるとは限りません。もし、その女の子がすぐに手紙を受け取ったとしても、「私もあなたが好きです」という返事が来るとはかぎりません。つまり想いを伝えるためには、居心地の悪い状況が起きるかもしれないという可能性も呑み込んだうえで、踏み出さなければなりません。フランスの哲学者、ジャック・デリダが、「郵便はつねに誤配（誤って配達）される可能性がある」と言っています。ラブレターがその女の子に直接届かず、人の孤独を笑うC君に渡ってしまったように、違う場所に行ってしまうかもしれない可能性も含みます。

ですから、感情を移すという行為は、恨みや恥、「出さなければよかった」という後悔にもなりえます。今、おとなの私が、中学生の私に言ってあげられることとしては、「相手を選びなさい」ということです。「ボトルのなかのメッセージは大事なものだ。だからどんなビンに入れるのか、誰に託すのか、注意深く考えなさい。どうなるかわからないからこそ、君はベストを尽くさなければいけないんだよ」と言ってあげたい。

同時に私はこうも言ってあげたい。「私は後悔してないよ」と。きっとその女の子にも迷惑をかけたでしょう。とても申し訳ないことをしてしまいました。でも、人間である以上、傷ついたり、人を傷つけてしまうことがある。それにおびえて、人を探す旅をやめてはいけない。注意深く、でも臆病になることなく、来たるべき相手に出会うために歩いていかなければならないよ、と。

欠けている者たち

シェル・シルヴァスタインの『ぼくを探しに（*The Missing Piece*）』（一九七六年）という有名な絵本があります（邦訳は倉橋由美子訳、講談社、新装版一九七九年）。主人公は丸いけれど、一部が欠けている。「ぼくはかけらを探してる／足りないかけらを探してる／ラッタッタ　さあ行くぞ／足りないかけらを探しにね」と、転がって旅に出る。なかなか、ぴったりしたかけらが見つかりません。でも、ついに、ぴったりのかけらに出会います。欠けたところのない円となったぼくは調子よく転がりだしますが、スピードが出すぎて、今までのようにのんびりと虫や花と交流することもできませんし、歌も歌えません。「なるほど　つまりそういうわけだったのか」と悟ったぼくは「かけらをそっとおろし」、欠けた自分に戻って旅を続けるのです。

シルヴァスタイン
『ぼくを探しに』

この物語が教えてくれるのは、欠如を埋める必要はない、ということです。欠けているからこそ、いろんなものと出会い交流できる。孤独を埋めることはできないかもしれないけれど、自分の孤独に向き合ったとき、同じように孤独な人の存在に気づき、励ましあうことができる。そこから信頼も生まれうるでしょう。

私はそうしたテーマを「翻訳」と呼んでいます。翻訳は英語でトランスレーション（translation）と言います。ある言語から別の言語に移すから、トランスなんですね。これは国境や言葉の壁をこえることです。「翻訳」を大きなテーマにした人が、ヴァルター・ベンヤミン（一八九二―一九四〇）という思想家です。『暴力批判論』（一九二一年）、『複製技術時代の芸術』（一九三六年）や『パサージュ論』（一九二七―四〇年）など、のちにカルチュラル・スタディーズやポストモダニズム、メディア論などに大きな影響を与える論考を著しました。彼はドイツに住むユダヤ人だったので、一九三三年にフランスのパリへ亡命しますが、一九四〇年にパリはドイツ軍によって陥落。ベンヤミンはひと足先に亡命していたハンナ・アーレントに続いてアメリカに亡命しようとしたのですが、フランスとスペインの国境線をこえられず、服毒自殺をしたと伝えられています。そのベンヤミンが一九二一年に書いた有名な「翻訳者の使命」という論文があります。

ヴァルター・ベンヤミン

ベンヤミンによれば、翻訳とは行間を読む行為です。そもそもありのままの文章の意味、もともと著者が言いたかったことをそのまま復元することはできません。どうしても、読む行為というものは欠如した意味の余白を読み込む行為にならざるをえないからです。

このベンヤミンの「翻訳者の使命」をテーマに、二〇二一年二月に私はニューヨークで会議を企画しました。宗教人類学者のタラル・アサドさん、比較英語文学のガヤトリ・スピヴァクさん、日本文化論を研究する酒井直樹さん、オランダ人の宗教哲学者ヘント・デ・ヴリースさん、中国の社会思想学者である汪暉《ワン・フイ》さん、植民地期朝鮮の研究者である全成坤《チョン・ソンコン》さんと、これ以上の顔ぶれはないと思うほど、私の尊敬する人たちが参加してくれました。みんな複数の言語ができる方です。彼らと「翻訳とはいったいなんだろう」と議論しあいました。私たちの心のなかにあったのは、第6章で取り上げたエドワード・サイードの言う「エグザイル（exile）」という言葉です。居場所がなく、故郷から出た者たちは、どんな言葉をしゃべるようになるのか。

自分の国が豊かで安全で、他の国に行く必要がなくて、マジョリティの言葉だけ使って暮らせるならば、どうして他の言葉を必要とするでしょうか。日本人は学校で英語を勉強するのに使えないとよく言われますが、それは本気で英語を使わなくてはいけない状況にいないからでしょう。それだけ、日本における日本語話者は恵まれていて、翻訳という観念をあまり必要としていないのだと思います。

アサドさんは、サウジアラビアで生まれ育ち、パキスタン、イギリスと移り住み、アメリカにやってきて、ニューヨーク市立大学で教えてきました。アサドさんはイスラム教徒ですが、妻のターニャさんはイギリス人の無神論者です。二人の関係こそ翻訳だと思うんです。無神論の世界もちゃんと理解して位置づけられるアサドさん、イスラム教信仰が無神論の世界と相容れないものではないと理解するターニャさん。六〇年も一緒に暮らしてきたお二人には、宗教の壁をこえた信頼があるのでしょう。

アサドさんは小さいときに、パキスタンで、政治家であったお父さんとともに強制収容所に入れられたことがあるそうです。でも、そのときのつらい経験をいっさい話さないそうです。「話したいときに話せばいいんだよ」とターニャさんはおっしゃっていました。信頼関係というのはなんでも話しあうということではなく、つらいものを抱えている人間同士が一緒にいられるということなのかもしれませんね。

タラル・アサド

この会議で話しあったのは、翻訳というのは言葉だけではなく、世界観や文化や暮らしも翻訳することができるんだ、そして信頼関係があれば、違う宗教でも共存できるんだ、ということです。サイードさんは、あまりにも悲しい故郷の姿に、宗教が極端な熱狂をいざなう原理主義的なかたちをとることは望ましくない、とゴウリ・ヴィシュワナータンさんに話していたそうです。これに対して、アサドさんはこう言います。

「宗教が同じだから仲良くできるわけではないし、違うから仲良くできないわけではない。そのなかでどのような翻訳をするかが大事だ。翻訳とは、違う文化や違う考え方、違う論理をもった相手を理解することだ。それができたら、信頼関係が生まれて、宗教でも文化でも国家の壁でもこえられる」。

翻訳すること

アサドさんは、「翻訳不可能なものを、私たちは翻訳しようとしてるんだ。だから、そこに無理が生じる。暴力も生じる。翻訳不可能なものに私たちが接するときは、よくよく注意深くなければならない」とよく語っていました。その考え方をまとめたのがアサドさんの『世俗の翻訳』です（二〇一八年／邦訳は『リベラル国家と宗教——世俗主義と翻訳について』苅田真司訳、人文書院、二〇二一年）。

翻訳というのは聴く行為とともにあるんだ。言葉にする前に聴かなければいけない。聴く人間は、翻訳不可能な世界に立ち会っているんだということを覚悟しなくてはならない。そもそも聴く以前に相手の世界に入る必要がある。相手を自分の世界に連れてきたり、相手を場違いな世界に連れてくるのは翻訳ではない。そうアサドさんは言います。

たとえば、「宗教（religion）」という言葉はキリスト教由来で、この言葉をそのまま、非キリスト教の信仰に当てはめていいのか。西洋の世俗主義から生まれた「文化（culture）」という言葉で、他の宗教伝統を理解することができるのか。そもそも西洋の言葉をもって、非西洋の世界を理解できるのだろうか。西洋の言葉を一方的に非西洋の世界に当てはめること自体が、一方的な暴力になりはしないか。そのようにアサドさんは、西洋世界の住人たちに問いかけてきました。

相手を自分のところに連れてくるのではなくて、自分が相手のところに行く。そして、翻訳不可能な世界を目の当たりにする。それを全身全霊をもって経験する。それをなんとか自分と同じ言葉の世界の住人たちに翻訳しようと努める。これがベンヤミンの言う「翻訳者の使命」でしょう。

インド人の文学研究者ホミ・K・バーバさんは、みずからの経験が脱中心化される場を「境界」と呼び、そこから何かが存在しはじめるのだと言います。

ポストモダン状況により大きな意義があるとすれば、それはこうした自民族中心的な概念の認識論的な限界が、同時にまた、他のさまざまに異議申し立てを行う不協和な声と歴史――女性、被支配民族、少数者集団、規範に反するとされた性愛者たち――がはっきりと聞こえはじめる境界線でもあるという認識だ。（中略）ハイデガーの言葉を借りれば、「常にそしていつも異なる仕方で、橋は人があちらこちらと、ぶらついたり急いだりする運動を支えてくれる。そうやって人は向こう岸へと到着する……。橋とは、向こう側へ渡る通路として人を集める場所である。」

（『文化の場所――ポストコロニアリズムの位相〔新装版〕』本橋哲也ほか訳、法政大学出版局、二〇一二年、八頁）

二〇一一年一一月から翌年一月までチューリッヒに二か月滞在したのち、私は日本に帰国するさいにボッフムの友人たちを訪ねました。ドイツ人の韓国研究者、ハンガリー人のユダヤ教研究者、イタリア人の中国研究者、スイス人のキリスト教研究者。私のドイツ語は買い物ができる程度ですから、彼らとの会話は英語です。ボッフムに戻った私を歓迎して、みんながパーティを開いてくれました。

私は、東日本大震災の話をしました。家族を失った人たちの話、家を失った人たちの話、故郷を失った人たちの話。彼らの苦しみに対して、同じ日本に住んでいても、私はなんの役にも立たないこと。自分の知識なんか役に立たないこと。仙台に暮らしていた息子は被災しましたが、無事でした。家族も故郷も失わずにいる自分が、家族や故郷を失った人たちの世界を翻訳することなど不可能だと思ったこと。無力感から頭をたれ、被災者の方たちの言葉に耳を傾けたこと。被災地を案内してくれたタクシー運転手から、「あんたは文章が書けるんだろ。文章でおれたちの悲しみを書いてくれ」と言われたこと。友人たちはみんな黙ったまま聞いてくれました。

別れぎわに、ドイツ人の友人が言いました。

「ジュン、あなたは橋になりなさい。居場所のない人と人のあいだを渡す橋になること。それは、居場所をもつことのできなかったあなただからできることなのよ。被災地の人たちが、あなたに物語を書いてほしいと言うなら、書きなさい。日本語だけなら、日本でしか読まれないから、いろんな言語に訳してもらいなさい」。

ああ、そのとおりだなと思いました。私にも翻訳者の使命がある、と気がついたのでした。私が東日本大震災について書いた『死者のざわめき――被災地信仰論』（河出書房新社、二〇一五年）はまず韓国語になり、いま英語版が準備されています。

主体性をつくること

酒井直樹さんもずっと翻訳について考え続けている人です。彼が大学に在籍していた時期は、学生運動が盛んだったときです。一九六八年には東京大学の安田講堂のなかに学生運動家がたてこもる事件もありました。かたや、ベトナムでは米軍による爆撃で子どもを含め多くの人たちが殺され、その爆撃機は日本から飛び立っている。酒井さんは学問とはいったい何なのだろうと考え込んでしまったそうです。

酒井さんは日本の大学院には進まず、商社で仕事を得てイギリスに渡りました。それからアメリカに行って、シカゴ大学の大学院に入ります。そこで、アルメニア系アメリカ人の先生ハリー・D・ハルトゥーニアンさん（一九二九―）と日系アメリカ人でハワイ生まれのテツオ・ナジタさん（一九三六―二〇二一）に出会います。ハルトゥーニアンさんはアルメニアで親戚が虐殺されるなかアメリカに逃げてきた両親のもとデトロイトで生まれます。ナジタさんはかつて日本が敵国であったこともあって、アメリカ国内で大変な差別を受けました。その人たちに、外の目から日本を研究する可能性、そしてアメリカとの関係のなかで日本を研究する視点を教わったそうです。日本のなかにいる日本人だけが日本を研究できるわけではない。そうして、酒井さんはアメリカに暮らしながら、翻訳という概念を使って日本の文化を考えるようになりました。彼の代表的著作が『日本思想という問題――翻訳と主体』（岩波書店、一九九七年）という本です。

国境線をこえていくのが酒井さんや私が考えている翻訳の役割なのですが、実際の翻訳は両面性をもっていて、「日本人」のことは日本人にしかわからない、「アメリカ人」のことはアメリカ人にしかわからないと国境線を引いてしまう事態もしばしば起こりうる。酒井さんはそれが翻訳のマイナスの役割だと考えていたようです。その意味で従来理解されてきた翻訳という行為はAという言語とBという言語は異なるものだと単一の境界線を引くことを前提にして、その間を橋渡しする作業だとみなされてきました。

酒井直樹

たしかに翻訳というのは感情をやり取りすることなので、負の感情に呑み込まれてしまうこともある。相手を受け入れられるかどうかは、その人次第なんですね。酒井さんは、翻訳とは「主体性（subjectivity）」をつくる行為だと言います。「主体（subject）」は、相手に働きかけるけれども、自分も働きかけられます。つまり能動でも受動でもある。それに対して、「主体性」は自分を取りまく状況に対して能動的に働きかけることです。主体である自分が決断をして、どのような言葉を使い、どうふるまうかを考える。そういう主体性が、酒井さんの考える翻訳という概念の魅力的なところです。

ピーテル・ブリューゲル「バベルの塔」

皆さんは、旧約聖書に出てくる「バベルの塔」の物語を知っていますか。人間が天まで届く塔を建てようとした。神様が人間の高慢さに怒って、ひとつだった言語を乱して、互いに意思疎通できないようにしてしまった。それで塔は未完成のままになってしまった。

第4章・第5章でも取り上げたジャック・デリダは、論文「バベルの塔」(一九八三年)のなかで、バベルの塔を例にとって、原初の意味はつねに欠如していると述べました(邦訳は、高橋允昭編訳『他者の言語――デリダの日本講演』法政大学出版局、一九八九年に収録)。バベルの塔の先端は神の怒りを受けて破壊されました。その先端に具体的な形があれば、解釈の答えはひとつしかありませんが、形が欠損しているのだから、その解釈は人によって多様なものにならざるをえません。この解釈の多様性を意味の混乱としてではなく、新たなる意味の産出としてとらえたのです。

酒井さんはデリダの言葉を引き受けて、こう言います。未完成だからいろいろな想像が、いろいろな解釈が可能なんじゃないか。もし塔が完成してしまったならば、上で待っているのはたったひとつの神、「正しい答え」です。言葉も順序もたったひとつしかない決められた世界です。

物事の起源というのは、みんなが一緒になる場所ではありません。起源はむしろさまざまな違いを生みだす場所、無限のものを生みだす場所なんですね。

なぜ英語で書くのか

私は英語で論文や本を書くことがあります。なぜ英語でも書くようになったかというと、酒井さんが勧めてくれたからです。

「英語を読める人はたくさんいる。君はスワヒリ語が書けるかい？　ハングルが書けるかい？　ヒンドゥー語が書けるかい？　アメリカ人やイギリス人のために英語で書くと思わなくていい。イギリスやアメリカに支配された国は世界中にあって、そこの人たちも英語を使っている。支配者の言葉だとか、そんなことにこだわらないで、英語を利用したらいいんだよ。そうしたら、世界中のいろんな人に自分の文章を読んでもらえるじゃないか」。

私はドイツのボッフムで、コンゴから来ている学生と半年間ゼミをやりました。一緒に日本の国家神道の本を英語で読みました。日本とアフリカの近代の国のつくられ方、ヨーロッパとの接触の仕方――もう少し乱暴に言えば支配のされ方――はどう違っていたのか、そんな話もしました。英語を利用すれば、そんなこともできるんですね。

あなたは、何のために、どういう言葉を使って、誰に向かって、何を表現するのか。それには想像力が問われます。スピヴァクさんは「聴く人と話す人、それが組み合わさったとき、言葉になる」と言います。

あなたもいつか、言葉にならない経験を抱えて生きている人と出会うかもしれません。そんなときは、まず黙って相手の話に耳を傾けてください。自分の知っている言葉で相手の沈黙を満たしてしまうのではなくて、言葉にできない経験に対して、想像力を働かせてください。少しずつ言葉にしていくお手伝いをしてください。時間はかかります。もしかしたら一生かかるかもしれません。そして、どの声を聴いて、どの声を聴かないかにも、分別が求められます。耳を傾けるべき声を聴くために、私たちは学ばなければならないのだと思います。

日本から離れて

第9章　日本から距離をとる

西川長夫と村上春樹

誰が日本語を話すのか

この本を読む人は日本語の読める方でしょう。「当たり前じゃないか」と思いますか。じつは、この文章を日本で生まれ育ったいわゆる日本人だけが読むとはかぎらないと考えることは、とても大事な想像力なんです。日本語を読むのは日本人だという考え方は、とても狭いとらえ方です。あなたの周りを見回してみてください。日本語をしゃべる人には日本人ではない人もいますね。私は、三島由紀夫、村上春樹や村上龍、柳美里などの文学ファンに、アメリカでも韓国でもドイツでも出会いました。彼らの母語は日本語ではありませんが、日本語で読みたいと思って、一生懸命勉強している人もいました。日本語は上手くないけれど、ドイツ語で村上春樹の全小説を読んでいる女性に会ったこともあります。そういう人たちにとって、日本というのは大事な拠り所のひとつなんですね。

台湾での思い出話をしましょう。私はお茶屋さんでお茶を飲んでいました。するとお茶屋のおばあさんが懐かしそうに寄ってきて、日本語をしゃべりだしました。日本は一八九五〜一九四五年の五〇年もの間、台湾を植民地にしていましたから、日本語が話せる高齢者がいるのは珍しくありません。でも、おばあさんは「私は日本から来たんだよ。日本から来て、戦争中、台湾人と結婚した」と言うんです。「へえー」と思って聞いていると、お孫さんがやってきて――お孫さんは日本語がしゃべれませんから――私に英語でこう話してくれました。

「ごめんね。うちのおばあさんは認知症なんです。日本人が来るといつも日本人だって嘘をつくいちゃうの。おばあさんは台湾人で、台湾人と結婚しました。当時の台湾人はみんな日本語を覚えないといけなかった。きっとおばあさんは日本人になりたかった。日本人になれば、いじめられないから。だから日本人が来るとうれしくて、自分も日本人だと言ってしまうけど、もう自分が誰かわかってないの。嘘ついてるつもりもないの。自分がなりたいものになってしまうの」。

皆さんはここで何を思い出しますか。アイデンティティという言葉がありましたね。おばあさんのアイデンティティは日本人になっているんです。もし、お客の日本人が自分の母国から距離がとれていなければ、「おばあさん、こんなに日本が好きなんだ。私たちの国はとても好かれているんだ」と都合よく理解してしまうかもしれません。でも、本当にそうなのでしょうか。私はそうは思いません。本当は自分がなりたくもなかったものに、自分はなりたいと信じ込んでしまうような記憶をつくってしまうほど、私たちの先祖はこのおばあさんを追い込んでしまったのではないでしょうか。だとしたら、取り返しがつかないほどに罪深いことだな、と思わざるをえませんでした。

もちろん、このおばあさんが不幸だとはかぎりません。そもそも、人の幸・不幸を誰かが判定することはできません。スチュアート・ホールに言わせれば、それは追い詰められた植民地の人が生きのびるためにアイデンティティをつくりあげた。彼女は彼女なりに一生懸命生きてきて、今のアイデンティティをつくりあげた。生きのびるための、したたかな戦略だったのかもしれません。しかし私は、大日本帝国の末裔としてその場にいることにとても居心地が悪く、申し訳ない気持ちでいっぱいになりました。

国民国家という考え方

知らず知らずのうちに、私たちの思考を方向づけている国民国家という考え方があります。ひとつの国家は同じ国民によって形成されている、という考え方です。国民というのは、同じ血を分かちもち、同じ言語を話す人たちの集合体である、と信じることです。極端に言えば、日本の国には日本人しか存在しない、日本語をしゃべれない人間がいるはずはない、いてはならない、という考え方です。でも、この本をここまで読んできた皆さんなら、「そんなはずはない」と気づくのではないでしょうか。

この国民国家という考え方を厳しく批判した人が、西川長夫（一九三四―二〇一三）という方です。立命館大学の先生を務めながら、フランスやカナダの大学でも教えました。西川さんの代表的著作に、一九九二年に出版された『国境の越え方――比較文化論序説』（筑摩書房）があります（増補版は『国境の越え方――国民国家論序説』平凡社ライブラリー、二〇〇一年）。西川さんは日本人だけが日本語を使う人ではないことをよく知っていました。なぜなら、彼が生まれたのは日本統治時代の朝鮮・平安北道江界郡だったからです。西川さんのお父さんは主計将校として朝鮮半島に赴任していました。日本が戦争に負けたあと、命からがら家族で逃げて、釜山から九州に渡って帰ってきたそうです。そこで目にしたのは、戦争に負けるなり、アメリカ人にぺこぺこしている日本人の姿でした。この間まで、日本人が朝鮮の人や中国の人をいじめている姿を大陸で見ていた彼は、なんとも言えない気持ちになったそうです。

西川長夫。完成したばかりの著書『植民地主義の時代を生きて』（平凡社）を手に（2013年5月17日撮影）

西川さんが京都大学の助手をしているとき、フランスの著名な哲学者ロラン・バルトが来日しました。西川さんは先生に頼まれて、京都の街を案内したそうです。この訪日の印象記をのちにバルトは、東京滞在の部分も含めて、『表徴の帝国』（一九七〇年／宗左近訳、ちくま学芸文庫、一九九六年）という本にまとめています。バルトは、この日本の優秀な青年に感銘を受けて、パリへの留学を勧めてくれました。そして西川さんは、一九六八～六九年にフランスに留学します。ちょうどパリでは学生たちによる五月革命が起こった年です。このときの経験は西川さんにとって強烈だったようで、四〇年を経て六八年とはなんだったのかを考察する『パリ五月革命私論――転換点としての68年』（平凡社新書、二〇一一年／決定版は西川祐子による私論を付す、平凡社ライブラリー、二〇一八年）を出されています。

パリで西川さんが出会ったのが、ルイ・アルチュセールというマルクス主義者でした。当時、アルチュセールは「イデオロギーと国家のイデオロギー諸装置」という論文を書いていました。人間は、国民国家に呼びかけられて、初めて国民になると言えます。たとえば外国旅行に出かけて、現地の人に「あなたは日本人？」と呼びかけられ、「はい」と答えたときに、その人は日本人になります。はじめから日本人であったわけではありません。イデオロギーという眼差しに染められて、気がつかないうちに日本人になっていくのです。アルチュセールはそういう国民国家のアイデンティティ論を鋭く指摘しました。西川さんは、この論文を最初に日本語に翻訳し紹介しました（ルイ・アルチュセール『再生産について――イデオロギーと国家のイデオロギー諸装置（下）』西川長夫ほか訳、平凡社ライブラリー、二〇一〇年）。

マルクス主義者であるアルチュセールは、階級国家というものがいかに国民を思想的に教化していくか、その過程を論じました。国民という概念を与えられて、同じ国民だから仲間だよと横のつながりが強調されると、縦の支配関係は見えなくなってしまいます。垂直の階級支配を軸とする国家という実体に、水平の横のつながりを建前とする国民という嘘の上着を着せられるときに、国家が内部に抱える階級対立の問題はきわめて見えにくくなってしまうのです。

そこで、西川さんは坂口安吾の「私」という概念に着目します。絶対的になれあえない「私」、つねに孤独を抱えた「私」――帝国とか国民国家に抵抗するのは「私文化」である、と西川さんは『国境の越え方』で指摘します。私文化によって、私たちは国民国家がつくりあげる国境や言語の壁を乗りこえられるんじゃないか、と西川さんは考えたのだと私は理解しています。

私は西川さんと一緒に、韓国の人たちの研究を日本の出版社につなぐお手伝いをしました。そうして、金哲《キム・チョル》『抵抗と絶望――植民地朝鮮の記憶を問う』（田島哲夫訳、大月書店、二〇一五年）と尹海東《ユン・ヘドン》『植民地がつくった近代』（沈熙燦・原佑介訳、三元社、二〇一七年）が刊行されました。日本の出版界では、英語で書かれたものに比べて、韓国の人たちが韓国語で書いたものはあまり紹介されていません。皆さんも自分の身の回りを見回してください。アジアの人が書いた本やアフリカの人が書いた本は、ヨーロッパやアメリカの人が書いた本に比べて翻訳されていないし、学校でもあまり習いませんよね。西川さんは、そういう不平等を直していくことも、国境をこえるためのひとつの方法だと考えました。

「呼びかけ」にどうふるまうか

日本人として呼びかけられたときにどうふるまうかは、人によってさまざまです。江藤淳（一九三二―一九九九）という有名な文学評論家がいます。彼の代表作でもある『漱石とその時代』という大部な作品があります。私は、この本に描かれている夏目漱石の留学体験にとても影響を受けました。江藤さんは、海外に日本人が行ったときにどうふるまうのかということに興味があったようです。明治時代に英国に留学した漱石を、江藤は先駆者として高く評価していたのでしょう。そして、江藤さんもまた一九六〇年代にいち早くアメリカのプリンストン大学に行きます。

当時のアメリカでは、アメリカを頂点とする社会進化論が流行していました。そこでの日本の評価は、日本は個人主義が弱いという欠点はあるけれど、アメリカのような資本主義社会を目指して頑張っているから、まずまずじゃないの、というものでした。それでもアメリカという巨大な国に滞在する間に、江藤さんは日本語の世界がどんどん懐かしくなって、日本の伝統にノスタルジーを感じていきます。

私は自分を日本につなげているきずながあると感じる。（中略）それは単に個人的なきずなではない。私を含みながら、しかも私を超えているからである。もちろん、それは言葉である。私という個体を、万葉集以来今日までの日本の文学と思想の全体につなげている日本語という言葉である。

もし、私に、自分を日本の過去と現在――つまり歴史につなげているこの言葉の意識がなかったなら、私はあるいは米国というこの異常な同化力をひめた社会に、もっと容易にのみこまれてしまったかも知れない。

（江藤淳『アメリカと私』一九六五年／文春文庫、一九九一年、二一七頁）

私たちには日本という伝統があるんだ、日本万歳！と言っていますね。この短い言葉のなかに、江藤さんの熱い思いが表れています。江藤さんのこうしたふるまい方を、酒井直樹さんは厳しく批判しました。酒井さんのようにアメリカで何十年も暮らしている人からすれば、一時的なセンチメンタリズムに見えたのでしょう。酒井さんはこんな話をしてくれました。

「アメリカに留学してきた日本人をたくさん見てきたけど、アメリカに馴染めないとわかると、日本が急に懐かしくなる人がいる。アメリカも排他的な国だ。あらゆる国というのは排他的かもしれない。江藤の言葉で言えば同化する力をもっている。それに呑み込まれたくない。馬鹿にされたくない。かといって仲間にはなれない。そういうとき、日本に救いを求めてしまう。でもね、それは心のなかの想像にすぎないんだよ」。

みんなが求める日本人を演じて、「日本には万葉集があります」「源氏物語は素晴らしい！」と言っていれば、誰にも悪口は言われません。日本語で話しても、日本語の達者な人が通訳してくれるでしょう。日本人だから、やっぱり日本については詳しいよね、と評価してくれるかもしれません。でも、それって対等な関係でしょうか。結局のところ、そこで日本人の果たす役割は情報提供者、ネイティブ・インフォーマントにすぎないということにならないでしょうか。

日本を恥じるでもなく、誇るでもない。日本の良さもわかるし、アメリカの良さもわかる。日本かアメリカかという二項対立ではなくて、なかに入ったり出たりできる。大切なのは、そうやって距離がとれるということではないかと思います。

これをホミ・K・バーバさんは、「イン・ビトウィーン」と言いましたね。アメリカでも日本でもなく、その間。文化と文化、社会と社会のはざまにいると、不安に駆られることもありますが、その不安をきちんと見つめられる勇気があったら、居心地の悪い場所ではなくなるかもしれません。居心地が良いか悪いかは、私たちが自分自身で決められることなのです。

オリエンタリズムの魔力

イメージの押しつけということについて、もう一歩踏み込んで考えてみましょう。第6章で取り上げたエドワード・サイードにふたたび登場してもらいます。彼は『オリエンタリズム』（一九七八年／今沢紀子訳ほか、平凡社ライブラリー、上・下、一九九三年）という本で一躍有名になりました。

オリエント（Orient）というのは東洋のことですね。西洋を意味するオクシデント（Occident）と対をなす言葉です。東洋人はみずからのイメージを自分でつくっているのではなくて、白人がつくったイメージを一方的に押しつけられているのだ、とサイードは考えました。だから、ありのままの自分たちとは違うイメージに苦しんだり、西洋人のイメージどおりに生きなければと自分を規制したりしてしまうのだと。

西洋は東洋のイメージを固定化し、コントロールすることによって他者化する。たとえば、文明的な西洋人と野蛮な東洋人、勤勉な西洋人と怠惰な東洋人、男性的な西洋と女性的な東洋というふうに。「東洋の神秘」などと言われると、ほめられているような気がするかもしれませんが、それも西洋が西洋であるために、他者としての東洋を必要としている点でなんら変わりはありません。自分が優越感を覚えるために相手を見下すか、自分の不足を相手から補うかの違いはあれど、いずれも目の前の相手を見ずに、自分の欲望からつくりだした幻想です。そのような他者認識のメカニズムを、サイードはオリエンタリズムと名づけました。

私はイギリスの大英博物館を訪れたことがあります。博物館にはロゼッタストーンやギリシアの神殿や中国の陶磁器など、ありとあらゆるものが展示されています。ロゼッタストーンはエジプトからナポレオンが勝手に取ってきたものです。エジプト人からすれば、すこぶる迷惑な話です。日本展示室もあって、浮世絵や日本刀や鎧が展示されていました。なんだか私は自分が見世物になっているような気持ちがしてしまいました。「これはエジプトです」「これは日本です」と陳列されているような気がしたんです。

この感覚はまんざら根拠のないものではありません。というのも、一八八九年のパリ万博以降、植民地から原住民を連れてきて見せる「人間の展示」が人気を博したからです。日本でも、一九〇三年の大阪内国勧業博覧会で「学術人類館」と称して、アイヌ人や琉球人、台湾人などに民族衣装を着せ、そこで生活させて、見世物にしました。今はアイヌ人や琉球人は日本国民の一員、台湾人は日本国民ではないとされていますが、こうした民族のアイデンティティは時代状況に応じて流動的に変化するものだと考えたほうがよいでしょう。それにもかかわらず、そうした一時的なアイデンティティを固定的にとらえて、上から目線で差別することは危険なことですよね。

ここからわかることは、オリエンタリズムは西洋人にのみ当てはまることではないということです。近代においては、帝国の宗主国と植民地という関係性になったときに、こうしたオリエンタリズムが呼び起こされるのです。植民地になることを逃れ、みずから帝国になった日本は、他の非西洋諸国にオリエントのイメージを押しつけました。そうすることで、日本は他の東洋諸国とは異なり、優越した国であると信じ込もうとしたのですね。アメリカの研究者、ステファン・タナカさんの『日本のなかの東洋（*Japan's Orient*）』（一九九三年）は、そうした日本のオリエンタリズムを分析した興味深い本です。

では、そうした他者を貶めるオリエンタリズムの魔力から、私たちはどうやって逃れたらよいでしょうか。たとえば、「日本人らしさって何ですか？」と聞かれたとします。そこにはもう罠がありますね。「日本人らしさというものはありません」という答えがあってもいいはずです。相手からの押しつけに取り込まれない知恵をもつためには、自分の生まれた国から自覚的に距離をとろうと努力する必要があります。

哀しき外国語

私は、作家の村上春樹さんのファンです。村上さんは、一九九一年にアメリカのプリンストン大学に招かれ、途中でタフツ大学に移籍もして、四年間在米生活をします。そこでの経験をもとに書いた『やがて哀しき外国語』（一九九四年）というエッセイがあります。私はこのエッセイが大好きです。外国に出てみたいと思う人はぜひ読んでみてください。村上さんはこう書いています。

「哀しき」と言っても、それは外国語を話さなくてはいけないのが辛いとか、あるいは外国語がうまく話せないのが哀しいということではない。（中略）僕が本当に言いたいのは、自分にとって自明性を持たない言語に何の因果か自分がこうして取り囲まれているという、そういう状況自体がある種の哀しみに似たものを含んでいるということだ。（中略）そしてたまに日本に戻ってくると、今度はこう思ってまた不思議に哀しい気持ちになる。「僕らがこうして自明だと思っているこれらのものは、本当に僕らにとって自明のものなのだろうか」と。(中略)しばらく日本に暮らしていると、この自明性は僕の中にもまただんだん戻ってくるだろう。僕はそれらを自明のものとして受け入れていくだろう。(中略)しかし中には戻らないものもあるはずだ。(中略)それはたぶん自明性というものは永劫不変のものではないという事実の記憶だ。たとえどこにいたところで、僕らはみんなどこかの部分でストレンジャーであり、僕らはその薄明のエリアでいつか無言の自明性に裏切られ、切り捨てられていくのではないかといううっすらと肌寒い懐疑の感覚だ。

(講談社文庫、一九九七年、二八四—二八五頁)

素晴らしい文章ですね。私たちが自明だと思っているもの、つまり日本語であったり、日本の暮らしであったり、日本人らしさと言われるものは、本当に私たちにとって自明なものなんだろうか？　こう村上さんは問うています。一度、国境の外に出てしまうと、もうその内側だけにいたときの感覚には戻れない。

私たちは海外に行くと、自分の自明性を疑いだす。戻ってくると、寿司を食べて「やっぱりおいしいなあ」とか思いますが、「そうじゃない」「それだけじゃない」と思うものが奥に残っている。その感覚こそ、日本に対して距離がとれるということなのだと思います。それがあるから、異なる文化や考え方の人々に自分の心を開くことができるのだと、私は考えています。

第10章　故郷はどこにあるか

尹海東とポストコロニアル

「謝りたくない」という言葉

皆さんは韓国に行ったことがありますか。韓国ドラマ『冬のソナタ』が日本で放映されたのは二〇〇二年。このドラマは大ヒットし、韓流ブームがわきおこりました。その後、東方神起やKARAなどのK－POPが日本に進出したり、近年ではBTSの世界的な人気やドラマ『愛の不時着』のヒットもあったりと、韓国の文化に親しんでいる方は多いのではないでしょうか。ファッションやグルメを楽しむために韓国に行く方もいるでしょう。

私が初めてソウルに行ったのは二〇〇九年です。明洞《ミョンドン》というソウル最大の繁華街に行くと、化粧品や衣服のショップで韓国人の店員さんが日本語をしゃべっていました。そこかしこのお店で日本語が飛び交っていました。

若い皆さんにはぴんとこないかもしれませんが、しばらく前までは、ある一定の年齢以上の日本人のなかには、韓国に行きたくないという人も少なくありませんでした。なぜだと思いますか。私がよく聞いたのは「謝りたくない」という言葉です。

大日本帝国と大韓帝国は一九〇五年一一月に、乙巳《いっし》条約を締結します。これにより伊藤博文が初代統監として赴任します。一九一〇年八月に、韓国併合といって、朝鮮半島を日本の植民地としました。大韓帝国の首都であった漢城（現在のソウル）を京城と改称して、現役の日本軍人を総督とする朝鮮総督府を置き、支配しました。土地を没収して日本人に払い下げたり、日本向けに米穀などの食糧を生産させたりして、資源や労働力を収奪しました。教育機関では、日本語（「国語」と呼ばれました）の教育が行われました。戦争が激しくなった一九四〇年代になると、統治がいっそう強化され、皇民化政策がしかれます。創氏改名、朝鮮人強制連行、慰安婦の徴発、徴兵制などが行われました。創氏改名とは、朝鮮語の名前をやめて日本流の名前に変えさせることです。

逆の場合を想像してみましょう。たとえば、あなたが「今日から全員、ハングルを話しなさい」「韓国風の名前に変えなさい」と命令されたら、どんな気持ちがしますか。自分の文化や存在を否定されたような気がしませんか。今でも、韓国および北朝鮮と日本の関係がぎくしゃくしているのは、三五年にわたる日本による植民地支配の歴史が影を落としているからです。

韓国や北朝鮮の人たちは、いまだもって日本人に正式には謝ってもらっていないと感じています。一方、日本の人たちのなかには、「謝ったでしょ」と思っていたり、「いつまでも、過去のことを蒸し返すな」と言ったりする人がいます。それでいて、いつ、どんなふうに謝ったと言えるのかも、わかっていなかったりします。

「殴った人間は忘れるが、殴られた人間は忘れられない」という言葉があります。私たちの先祖が韓国でどういうふるまいをしたのか。植民地になるということはどういう経験だったのか。私たちはどれほど知っているでしょうか。想像したことがあるでしょうか。謝らねばならないようなことをしたんだろうか。はたして謝ることで片づくようなものなのだろうか。そのことを韓国への旅をとおして考えてみたいと思います。

ポストコロニアルな痕跡

明洞には、元・三越百貨店の建物があります。「新世界」という漢字が見えますね。一九三〇年一〇月二〇日三越京城支店として建設されました。当時は満洲を含め最大の建物だったらしいです。その後、増築や改築もされました。なかにある階段は、東京大学の文学部の階段と同じようなつくりです。それもそのはず、戦前の東京帝国大学の建物を設計した伊東忠太が、明洞のこの建物をつくったんです。なぜ明洞につくったのか。じつは、戦前、ここは日本人街だったんです。

明洞の元・三越百貨店

明洞を見おろすのは南山《ナムサン》という二六五メートルほどの山です。南山から明洞にかけてが、植民地時代、日本人が住んでいた一等地だったんですね。当時、南山のふもとに日本公使館があり、近くの龍山には日本軍が駐留していました。

現在の南山の片隅に幼稚園があります。その運動場には、大きな石が置かれています。右から読んで「洗心」、神社の手水鉢です。後ろ側には、この手水鉢を寄贈した日本人の名前が彫ってあります。つまりこの幼稚園はもともと京城神社の境内であった場所に、戦後になって建てられたのです。そのあたりには、鳥居の石の柱や、お金を寄贈した人の名前を記した石柱も残っています。しかし、運動場を駆け回る幼稚園児はもちろん、先生たちも、誰ひとりこの石の由来を気にしていませんでした。

幼稚園の上に大きな朝鮮神宮がありました。朝鮮総督府と内地の神道学者の間で祭神をめぐっていろいろと議論がありましたが、最終的には天照大神と明治天皇が祭神として祀られました。朝鮮半島の各地に神社がつくられ、朝鮮の人々は無理やり参拝させられました。一九四五年の日本の敗戦にともなって朝鮮神宮は廃社になり、今は南山公園として恋人たちのデートスポットにもなっています。でも、この神社に行くためにつくられた階段がまだ一部残っています。

これをどう考えたらいいでしょう。韓国では植民地の記憶が風化して、その経験を乗りこえたんでしょうか。それとも、彼らが自分たちの場所だと思っている片隅には、このようなものが今でも無意識に転がっているということでしょうか。私は、これがポストコロニアルと呼ばれる状況だと思うのです。すなわち、政治的には植民地ではなくなっていても、精神的あるいは経済的にいまだ旧宗主国の影響から解放されきっていない状態のことです。

幼稚園の片隅に残る京城神社の手水鉢

南山公園のなかには、安重根義士記念館が建っています。安重根《アン・ジュングン》とは誰なのか、歴史の授業で習ったでしょうか。伊藤博文を暗殺した人です。日本では伊藤博文は初代の総理大臣として知られますが、韓国では初代の韓国統監になった人物として知られています。他方、安重根は日本ではテロリストとか暗殺者とされていますが、韓国では朝鮮民族独立のために闘った英雄であり、書道家、詩人、思想家として大変尊敬されています。ですから、日本支配の象徴であった朝鮮神宮をつぶして、朝鮮民族の英雄の記念館を建てるというのは、韓国人にとっては自然なことだったと思われます。しかし、その足下にはこのような朝鮮神宮の石段が残っていて、意識にはのぼらなくても、

朝鮮神宮へ至る石段（1930年代）

拭い去ることのできない無意識の記憶がまとわりついているのです。

私はなんだかとても深刻な気持ちになりました。そうしたら、私を案内してくれた韓国の友人がこう言いました。「磯前さんは日本帝国の子孫なんだよ。あなたが認めようが認めまいが。だから、堂々とこの事実を受けとめてもらいたいんだ」。

謝るとか謝らないとかじゃなくて、こういう過去があったということを、うつむかないで直視してほしい。なかったかのように気づかないふりをしたり、泣いて「ごめんね」ということで済ませようとするのではなく、一緒にこれから考えようと、彼は私に手を差しのべたんです。

〈スユ＋ノモ〉という空間で

私が二〇〇九年に韓国に行ったのは、〈スユ＋ノモ〉という在野の研究空間に参加するためでした。韓国の人文学を代表する研究集団のひとつで、ソウルの水踰里《スユリ》にあったことから、名前にスユが入っています（のちに大学路《テハンノ》、南山へ移転）。ノモには「向こう側、こえて」という意味があります。立命館大学の金友子《キム・ウヂャ》さんがこの集団の活動について本で発表されています（金友子編訳『歩きながら問う――研究空間〈スユ＋ノモ〉の実践』インパクト出版会、二〇〇八年）。ここは大学にポストのない人や、大学を卒業した人、大学には行けなかった人などが集まって自主的に勉強する場でした。それぞれ自分が得意のことを教えるんです。たとえば、哲学を教える人もいれば、太極拳を教える人もいるし、ハーモニカを教える人もいる。

私は、その二年後には「磯前先生とお茶を」という講演会を開かせていただきました。学者として自分の生い立ちを初めて語ったのが〈スユ＋ノモ〉です。魚屋の息子であること、両親は中学校しか出ていないこと、二人とも磯前家の養子であったことなどを話しました。彼らもそれぞれの生い立ちを話してくれました。なかには、朝鮮戦争で家族がバラバラになるという経験をした人もいました。高卒であることにコンプレックスをもっているという人が、「親は学歴がなかったそうですが、どうして先生は研究の道に進んだんですか？」「どうして、外国に行くようになったんですか？」と私に質問しました。「私の家は家族の仲が良くなく、そこに居場所を見つけることができませんでした。だから、家を出て、自分にとってかけがえのない存在と出会うための旅に出ることにしたのです」と答えたことを、今も覚えています。

〈スユ＋ノモ〉には食堂もありました。料理の得意な人がご飯をつくります。「今日はキムチをもってきたから、磯前先生の授業にタダで参加させて」「磯前先生は講義をしてくれたから、ご

豚のホルモンが入ったおでん

飯はタダ。その代わり、自分の皿はちゃんと洗ってね」。こうやって役割を交換する平等な場所でもあったんです。残念ながら今は、〈スユ＋ノモ〉は複数の集団へと分かれてしまいました。しかし私にとっては、生活のなかで学問をとらえないといけないよ、と教えてくれた素晴らしい空間でした。

　夜は、彼らが屋台に連れていってくれました。「おでん」の屋台があるんですよ。「なんでおでんなんですか？」と思わず聞いてしまいました。すると彼らは教えてくれました。「おでんは植民地時代に日本から入ってきたんです。ぼくたちは占領されたのを恥ずかしいと思っていますけど、不思議ですね、おでんは好きなんですよ」。隣には、「うどん」の屋台もありました。人々の食文化まで変えてしまうのが、植民地化なんですね。

　ただ、このおでんの写真をよく見てください。豚のホルモンが入っています。日本ではあまり豚の内臓をおでんに入れませんね。植民地の側でも自分たちの好みに合わせて、レシピを変えていったんです。これをアプロプリエーション（appropriation 流用）と言います。私は、サムギョプサルという料理が韓国料理で一番好きです。韓国でも牛肉は高いので、焼肉といったら豚を食べるそうです。カリカリに焼けて、本当においしいんです。ホルモンも出てきました。「韓国にもホルモンあるんだ」と私は間の抜けた反応をしてしまいました。すると、少し年配の人が「あるよ。だって、日本から入ってきたんだもの」と答えました。「在日朝鮮の人たちが韓国に引き揚げてきたときに、ホルモンを食べる日本の習慣をもち込んだ。それまでは、朝鮮人は赤身の肉しか食べなかったんだよ」。そんなこと私はぜんぜん知りませんでした。

なぜ韓国にホルモン焼きが伝わったのか。日本に帰国してから調べました。被差別部落の方は牛馬の処理をするので、内臓を取り出します。それをゆでたり、天ぷらにするのです。ニューカマーである在日朝鮮人の方は、被差別部落の隣で暮らしていました。なぜでしょう。差別された人たちの住む土地の値段は安いからです。お隣さんからもらったホルモンを、炒める・焼く文化をもつ彼らは、焼肉と同じように焼きました。ここにも、アプロプリエーションがありますね。こうして、ホルモン焼きは日本の部落から朝鮮半島へと伝わっていったのでした。

謝るには遅すぎる

朝鮮総督府は、韓国が併合される前まで国王が住んでいた景福宮《キョンボックン》の木造の門の後ろに建てられました。植民地の象徴である総督府を、わざわざ朝鮮王宮の敷地内に建ててみせる。そんな相手の精神的支柱を侮辱する行為を、ときの日本政府はしたわけです。だから、韓国政府は一九九五年に総督府だった建物を爆破して撤去しました。

このことを批判した韓国人の友人の言葉が脳裏に残っています。「爆破することで、私たちが支配された記憶が消えるんだろうか。多くの韓国人は、この建物を壊せば自由になれると思っている。だけど人間の心って、物を壊しただけで自由になれるのかな」。

その友人、尹海東《ユン・ヘドン》さんは言いました。「人々の気持ちというものはそんなにきれいにわりきれない。白か黒か、日本か韓国かという二分法ではいかないんだ。人が集まったとき、人と人がかかわるときに、必ずグレーなゾーンが出てくる。植民地というのはグレーゾーンだらけだ。当時、日本人になりたい韓国人（親日派）がいっぱいいた。社会的な権利を得るためには、日本人になるほかなかった。それが朝鮮半島が日本の植民地であったということの意味だ。当時、朝鮮国民や韓国国民という法的カテゴリーは存在していなかった以上、すべての朝鮮人は日本国民にならざるをえなかったんだ」。

尹さんはすごいことを言いますね。こうした発言は韓国でもタブーです。なにしろ、朝鮮人であること自体を否定された屈辱の歴史ですから。「韓国人は仕方なく日本人に従ったんだ」と尹さんに反発する人がたくさんいたそうです。でも尹さんは、「植民地というのは、言葉も名前も選択肢も奪い、暴力によって徹底的にプライドを壊すものなんだ。そういうなかでグレーゾーンとして生きるほかないのが植民地の人間なんじゃないか」と言いました。

二〇一一年に、尹さんが私を西大門《ソデムン》刑場に連れていってくれました。ここは、総督府が、独立運動家など命令に従わない朝鮮人を収監して、処罰したところです。拷問する部屋、絞首刑の場所、死体を運び出す通路、そういうものを見ました。怖かったです。私が日本人であるということがばれたらどうしようと心配になりました。旧植民地を訪問することは、旧宗主国の人間にとっては、自分が見たくないものに直面せざるをえない怖いものなのです。

不安に駆られながら歩いていると、尹さんはこう言いました。「もっと悲しいことがある。一九四五年にこの建物は解放された。その後、誰が何に使ったと思う？　韓国の軍事政権が韓国の国民を拷問にかけたり処罰するのに使ったんだよ。韓国人が親日派でなければ生きのびられなかったこと、そして自分の国民を処罰するのに植民地の遺産を使ってきたこと、この歴史的事実を認められなければ、本当の意味で独立できたとはいえないと思うんだ」。

私は尹さんが大好きです。彼の話を聞いて、謝るにはあまりにも遅いと思ったんです。泣いたり謝ったりするほうが楽だったかもしれません。でも、それで許されるものではない。一緒に研究をして、過去の対立の歴史をともに解きほぐしていこうと私は決めました。その成果のひとつが、韓国語と日本語で出された尹さんと私の共編著『植民地朝鮮と宗教——帝国史・国家神道・固有信仰』（三元社、二〇一三年）、そして韓国語で出された尹さんと李成市《リ・ソンシ》さんの共編著で、私も寄稿した『植民地主義歴史学と帝国』（二〇一六年）です。また、尹海東さんの著作を私が日本の出版社に紹介して日本語に訳され、尹さんたちによって私の本も韓国語に訳されました。そして私は、毎年韓国の大学で講演したり、尹さんたちと一緒にアメリカアジア学会やアジアの大学でワークショップを行うようになったのです。

絶望こそが希望をつくる

東アジアとは、韓国、台湾、中国、日本を主に指します。この言葉をつくりだしたのはアメリカでした。一九四五年に大日本帝国が負けると、アメリカはソ連との冷戦に入ります。アメリカは、極東政策というかたちで、韓国・日本・台湾を冷戦の前線基地として使うことになります。そのなかで「東アジア」という言葉が出てきたと、早稲田大学の名誉教授、李成市さんが言っています。

その前はどうでしたか。第二次世界大戦中は「大東亜共栄圏」という言葉が使われていました。日本がつくろうとした大東亜共栄圏とは、ベトナムも太平洋も含むとても範囲の大きなものでした。

太平洋戦争は日本とアメリカという二つの帝国の衝突だったと、酒井直樹さんは南山の〈スユ+ノモ〉で講演をしました。アメリカとソ連の代理戦争であった朝鮮戦争では、占領下にあった日本はアメリカに協力します。日本はアメリカ軍の重要な補給基地でもありました。この戦争により、日本では特需が生まれ、経済再建の足掛かりとなりました。一方、朝鮮半島ではおびただしい数の人たちが亡くなり、三八度線によって家族が分断されました。アメリカは朝鮮半島を戦場に選び、朝鮮の人たちの血で血を洗う戦争という凄惨な犠牲をとおして、戦後の冷戦体制とアメリカによる東アジア支配というシステムを確立したのです。

さて、二〇一九年のことです。金哲《キム・チョル》さんという韓国文学研究者が、独立記念館に連れていってくれました。ソウルから車で一時間くらいのところにあります。ここには、爆破された朝鮮総督府の尖塔が置かれています。まさに爆破された主体が残っているんです。ジャック・デリダの言う亡霊のように。

朝鮮総督府の尖塔

もうひとりの友人もその場にいました。日本に留学したのち、韓国に戻って大学教員をしている人です。彼は言いました。「済まない、すまない。済んでいない。済ませてはいけない。ごめんなさい、すまない、と謝ることは簡単だ。でも、このように朝鮮総督府は残ってる。西大門刑場は残ってる。それは、まだ何も済んではいないということ。済んでいないことは、済ませてはいけない」。

その友人は私を責めたんでしょうか。私はそうは思いませんでした。じつは、ここに悲しいお話があります。彼の娘さんは自殺しました。彼は一〇年間、筆が執れなくなります。ほとんど誰とも会わなくなり、髪は真っ白になりました。私は、一〇年ぶりに彼に会ったのでした。彼は長い喪の時間をへて、書きはじめていました。済まない、済んでいない、済ませてはいけない。死ぬまで自分が引き受けていく。彼は、自分の娘さんのことを語っていたのでしょう。

自分の子どもを失ったことのない私には、娘を失った友人の哀しみは永遠にわからないでしょう。わかったなどと言ったら、それは彼の悲しい翻訳不可能な体験を侮辱することだと思います。私ができるのは、この翻訳不可能な体験を自分が背負える体験に置き換えたうえで、自分なりに苦しみながら考えることだと思います。だとすれば、私に可能なのは、日本と朝鮮半島の過去の関係という次元において、その苦悩をやはり翻訳不可能なものとして引き受けることだと考えます。そのときに、彼と私の思考は、国民国家の枠をこえて共振する可能性をもちはじめるような気がするのです。

金哲さんは、絶望（despair）こそが希望をつくる、といって、魯迅の「故郷」（一九二一年）から言葉を引きました。「希望とは本来あるとも言えないし、ないとも言えない。これはちょうど地上の道のようなもの、実は地上に本来道はないが、歩く人が多くなると、道ができるのだ」（藤井省三訳『故郷／阿Q正伝』光文社古典新訳文庫、二〇〇九年、六八―六九頁）。最初から故郷があるわけではない。最初から居場所があるわけでもない。翻訳不可能なものの翻訳をし続けようとすることで、人間は故郷や居場所を新たに見いだしていくのだ。私は金哲さんの言葉をこう読み取ったのです。

手をつないで輪をつくる

最後にもう一度、南山の上に戻りましょう。

朝鮮神宮の跡地に二〇一九年、こんな像が建てられました。日本で評判の悪い慰安婦被害者記念碑です。手を取り合っている三人は韓国、中国、フィリピンの少女だそうです。三人で手を取り合ってつくられた輪は閉じておらず、ひとり分あいています。少女たちを見つめているのは、故金学順《キム・ハクスン》さん。一九九一年に慰安婦被害の事実を最初に証言したのがキム・ハクスンさんです。私はこの像を過去に植民地になった哀しみの場として見ました。

南山の慰安婦被害者記念碑

　皆さんも知っているかもしれませんが、日本人のなかには慰安婦の像について腹を立てる人もいて、像の設置をめぐって必ずと言っていいほど論争が巻き起こります。なぜなんでしょう。この論争を真正面から映画にした人がいます。日系アメリカ人二世のミキ・デザキです。『主戦場』というドキュメンタリーで彼は、日・米・韓の論争の中心人物たちを訪ねてインタビューし、多くのニュース映像や記事を織り込み、対立する主張を反証させあいました。なぜ、この問題に拒絶反応を示し、考えたくないのか。自己防衛のためにナショナル・アイデンティティに固執するという、その理由が見えてくる映画です。

私は、友人の女性とこの慰安婦被害者記念碑を訪れました。彼女はどちらかというと、「謝りたくない」と言っていた人でした。その人が、「私、この間（三人の少女たちの間）に入って写真を撮ったらまずいかしら？」と聞くんです。普通はまずいと思うでしょう。でも、私は「いいんじゃないの？　手つないだら」と答えました。たくさんの韓国人観光客がいたので、さすがに彼女も私も、少女たちの輪のなかに加わることはできませんでした。でも、気持ちとしてはその輪に加わって、一緒に過去を意味づけなおしていきたいと思ったものです。

「私はあなたたちの哀しみをわからないけれど、私なりに翻訳不可能性を引き受けます」。そういうつながり方もあるのではないか。いく度も韓国を旅するうちに、そう感じることができるようになりました。

第11章　日本のなかにある見えない場所

被差別部落と太鼓

穢れと差別

日本に住んでいるからといって、日本のなかのことをなんでも知っているかというと、意外にそうではありません。私が、日本のなかにある知らなかった場所と出会った話をしましょう。

被差別部落という言葉を、皆さんはご存知でしょうか。明治になってから「被差別部落（同和地区）」という共通の名前で呼ばれるようになった村が、全国各地にあります。名前のとおり、社会的な差別を受けた人々の部落です。

日本では、穢れという観念に結びつけるかたちで差別が生じてきました。差別とは、「おまえはこうだ」とか「おまえは汚らわしい」とか、そういうふうに個人の意思や選択と関係のないところで、周りの人が勝手にいろいろなイメージを膨らませて、その人に負わせること、つまり個人ではどうにもならないものを取り上げて、その人の社会的地位や尊厳を損なうこと、だと私は理解しています。

江戸時代は厳しい身分社会でしたが、その最下層に位置づけられたのが、「えた（穢多）」「ひにん（非人）」と言われる人々です。穢れが多い、人に非ずとは、なんと残酷な名称でしょうか。彼らは職業も住む場所も制限されました。服装や髪型まで規制されたそうです。彼らは、農業、牛馬の解体や皮革業、警備、草履や竹細工など生活用品の製造、あるいは刑の執行や死者の埋葬など、生活に欠かせない役目を担ってきました。たとえば、動物の皮を使って太鼓をつくるのも彼らの仕事でした。その太鼓は、どこへ行くのでしょうか。神社やお寺です。人間の救いを説くところです。ところが、その神社やお寺には、「穢れる」という理由で、つくった人たちは入れないんです。変ですね。自分がつくった太鼓なのに、自分でたたけないし、音も聴けない。このねじれのなかに、差別の大きな根源があるような気がします。社会はその人たちの技術がなくては続いていかないのに、その人たちは穢れていると考える。

明治四（一八七一）年に、被差別身分の廃止を目的とする「解放令」が出されました。しかし、政府は差別をなくすための働きかけは行わなかったので、形式的なものにとどまりました。明治五（一八七二）年に政府が最初に作った戸籍（壬申戸籍）には身分の分類が記載されており、地域によっては元穢多、元非人であることがわかるように書かれていました（現在は、差別を助長するという理由から閲覧禁止となっています）。人々の差別意識も、「解放令」が出たからといって、なくなることはありませんでした。さらに困ったことに、近代化政策は同和地区の産業を衰退させたため、住民たちの生活はかえって苦しくなりました。根強い差別のため、仕事に就くことも容易ではありません。こうして経済的格差がますます広がっていきました。

こうした苦境を改善するために、同和地区の住民たちが、大正一一（一九二二）年に全国水平社を創立し、部落解放運動を始めました。「人の世に熱あれ、人間に光あれ」と謳った「水平社宣言」は、日本における最初の人権宣言と言われています。解放運動は全国に広がっていきましたが、戦争の激化にともない、その活動は停止を余儀なくされました。第二次世界大戦が終わり、一九四六年に公布された日本国憲法には、「基本的人権の尊重」がかかげられました。しかし、その後も現代に至るまで、結婚や就職での差別はなくならず続いています。

見えない地理

私は二〇年ちかく京都に住んでいます。京都に住みはじめるにあたって、住むところを探しにあちこちの不動産物件を見て回りました。そのとき、「ここは住まないほうがいいね。安いから」「安くていろんな人がいるから、住まないほうがいいよ」というようなことを言われました。でも、そのときは「ああ、そうなんだ」と深く考えもせず、言われたとおりにしました。何もわかりませんから。でも、「いろんな人」って誰だったんでしょうか。なぜ安いんでしょうか。すご

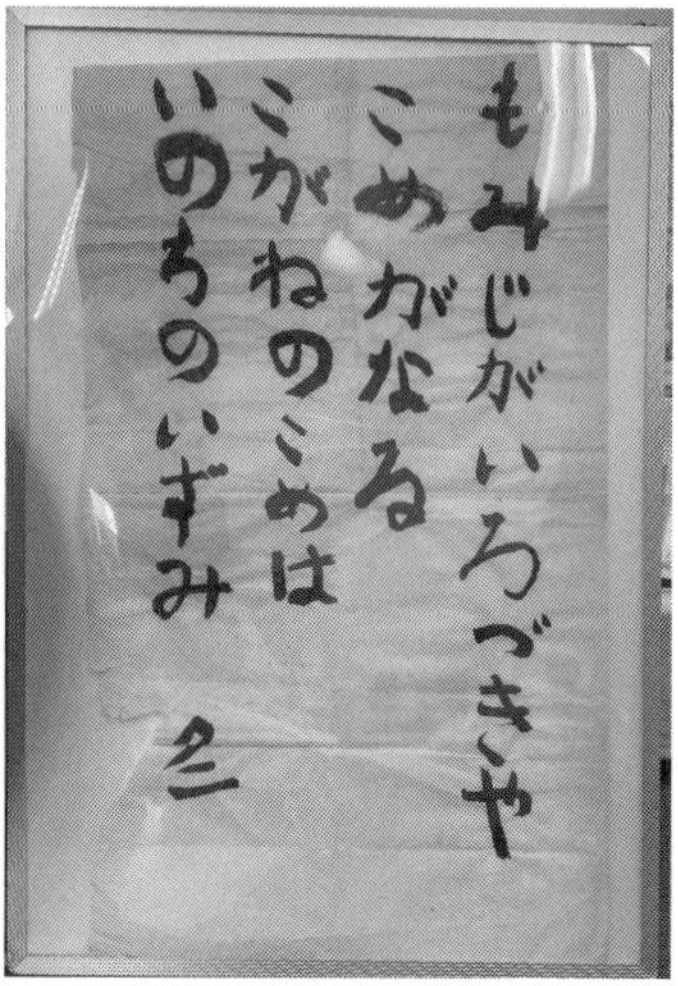

90歳の女性が書いた詩

く便利な場所なのに安いんですよ。

京都暮らしも八年たったときのこと、近所の人に言われました。「あんた、あそこは行ったらあかんで」。「どうしてですか？」と尋ねると、「大きい声では言えんけどな。部落なんや」と言われました。私はびっくりして、京都生まれの人に相談してみました。何と言われたと思いますか。「あんた京都の人間になったんや。信用されたんや。あんたが本当に友だちやと思ったから、そう言ったんや」と。ああ、自分って馬鹿だな、恥ずかしいなと思いました。そういう現実があるということに気づかなかったんですね。なんとなく人通りが少ないなあとか、木造の平屋が多いなあとか思っていましたが、なぜかはわかっていなかったんです。

二〇一五年のことです。私は、新聞社に勤める友人に、大阪の被差別部落に連れていってもらいました。そこで、部落解放同盟にかかわるAさんを紹介してもらって、ときどき通うようになりました。ある日Aさんに、大阪の歴史展示室を案内してもらいました。小さな貸しビルの二階にある展示室には、彼らのつくった太鼓や、昭和のこの町の風景写真などいろいろなものが展示されています。写真を見てください。ひらがなで「もみじがいろづきや　こめがなる　こがねの

こめは　いのちのいずみ」と書かれています。すばらしい詩ですね。全部ひらがなのはどうしてか、わかりますか。これを書いたおばあさんは、被差別部落に住んでいて、教育を受けられなかったんです。ひらがなを勉強して、この詩を九〇歳のときに書いたそうです。「このばあちゃんは、九〇になって初めて文字が書けたんや」とAさんが教えてくれました。

大阪市西成区には釜ヶ崎という、東京の山谷と並ぶ労働者の街があります。ドヤ街と呼ばれていて、身寄りがなくひとりで暮らしている人たちが多いです。当時は、一泊五〇〇円くらいで泊れる三畳一間の木賃宿がありました。Aさんは一緒に歩きながら、「暴力団と目合わせたらあかんで。クスリを売っとるんや」と言いました。空き缶を山ほど袋に詰めたホームレスのおじいさんが通ります。鉄くず屋に売りに行くんですね。一品三〇〇円の立ち呑み屋は、朝の九時からやっていました。窮屈そうに、お酒を呑んでいる人たちがいました。ここは、同じ日本なんだろうか？と思いました。

昭和初期から釜ヶ崎とその周辺には、低所得者層が多く住み、被差別部落や在日韓国・朝鮮人のコミュニティが形成されました。ここは、日雇い労働者、ホームレス、被差別部落民、在日韓国・朝鮮人に対する社会からの差別が、重層的に組み込まれた場所と言えるでしょう。

存在しない被爆地

話は長崎に飛びます。二〇一七年八月八日に、私は長崎の東本願寺教会の敷地にある「非核非戦の碑」を訪れました。この教会では、原爆投下直後からご遺骨を集めて、「原子爆弾災死者収骨所」に安置し、定期的に法要が営まれてきました。一九九九年に新たな納骨堂が設けられ、非核非戦の碑が建てられました。ここには、いまだ引き取り手のない約一万人のご遺骨が収められています。ご遺骨といっても、破片なんです。原爆の熱で骨が溶けて、石と一緒になったり、ガラスと溶け合ってしまった骨も入っています。原爆が投下された八月九日には、仏教徒はもちろんのこと、キリスト教の人も、神道の人も集まって弔いをします。なぜだと思いますか。納骨堂には、なんの信者さんの骨が入っているかわからないからです。ですから宗派をこえて、皆で一緒にお経をあげたり、聖書を読んだりするそうです。

私は東本願寺教会のお坊さんたちに、「被差別部落のことに興味があるのなら」と、ある場所に行くことを勧められました。浦上の谷底にはかつて被差別部落があったのですが、爆心地から近かったその部落はほとんど消滅してしまったそうです。生き残った人たちも散らばっていきました。その子孫たちが年に一回、原爆投下の日に集まってお祈りをします。私はそこに行きました。数十人が集まって、ひっそりと供養が行われていました。よく見ると、畜生の「畜」という字が入ったお墓がいくつもあります。差別戒名です。人が死んでまで「畜生」と書かれるのかと、とても悲しい気持ちになりました。

その頃、陽のあたる丘の上の平和公園では平和祈念式典が開かれていました。政治家や役人、原水爆禁止運動の方たちなど大勢来ますから、そのあたり一帯は渋滞しています。原爆が落ちた時間――一一時二分――街中のスピーカーからブザーが鳴ります。すると街中の動きが止まります。みんな立ち止まって、頭《こうべ》をたれて冥福を祈ります。式典には、安倍晋三総理（当時）が来て、演説もしました。

浦上天主堂の被爆したマリア像

これは長崎の浦上天主堂にある被爆したマリア像です。「平和」と書かれていますね。私たちの社会には平和が訪れたのでしょうか。じつはまだ平和は訪れていないのではないか。平和が大切と言いながら、そのための努力を私はしただろうか。なぜ五〇歳を過ぎるまで、日本のなかにあるこうした場所に気づかなかったんだろうか。とても恥ずかしい気持ちになりました。

差別が差別をつくりだす

ある研究者が、水俣病やハンセン病、部落などの差別問題を自分の個人的経験に重ねて、「私も同じだ。私も学界のなかで差別される側にいる」と発言したことがあります。正直言って、違和感を覚えました。もちろん女性であるがゆえの不公平や差別を経験しての言葉だったのでしょう。しかし、彼女は裕福な家庭で健やかに育ち、国内外のハイレベルな教育を受ける機会にも恵まれました。そういう人が、水俣病やハンセン病という壮絶な苦しみのうえに差別されてきた人たちと「同じ」だと安易に言っていいのか。「私たち」とくくってしまっていいのだろうか、と。差別とは個々の文脈のなかで加害者と被害者の立場が入れ替わるものです。ひとつの属性だけで誰かを一方的に被害者の立場に固定することは困難でしょう。

ガヤトリ・スピヴァクさんは『サバルタンは語ることができるか』（一九八八年／上村忠男訳、みすず書房、一九九八年）で、社会的に差別された立場の人々は自分の考えを社会に届ける機会をもちにくいことを書きました。彼女の議論を安易に解釈して、自分も語れない立場にいると思ってしまうのは危険だと思います。私は二〇二〇年、ニューヨークでスピヴァクさんに会いました。彼女は「論文を出したことを、今は私は後悔している」と本音を吐露しました。「なぜ？」と聞くと、「みんなこの本を使って自分を正当化するから」と答えました。私は、被害を受けたあなたではない、差別をされたあなたではない。それを自覚せずに、言葉をもつ人間が安易に語ることはできないのだと考えます。現場にはじつにいろんな立場の人たちがいます。「私たち」と簡単にはまとめることはできません。そこでは、一人ひとりが「あなたは誰ですか？」と問われる経験をします。そのときにどのような対応ができるか、そこにその人の生き方も表れてくるような気がするのです。

Aさんは「差別が差別をつくりだすんや。差別は繰り返すんや」と言いました。真意がつかめず、「無自覚な人間が差別をつくりだすんですよね、私みたいに」と応じると、「ちゃうで。ぼくもや。ぼくかって差別してきたんや」と言うんです。びっくりしました。「部落のなかに、水の上に建ってる家とか、家どうしがくっついている家があったんや。ぼくらは、それらを自分より低いと思って植民地や第三世界の名前をつけるんや。台湾とか、エチオピアとか。そんな家に住む子は遊びに入れたらんかった」。被害者は加害者にもなれる。差別された者は、自分に近い境遇の者を差別する。手の届かない者を差別することはできないから。部落の人たちはお隣りに住む在日韓国・朝鮮人を差別していたそうです。「だから、差別はなくならへんのや。人は人の下に人をつくりたがるんや」。すごいものの見方を教わったような気がします。

Aさんが言いました。「ぼくは高校までしか出とらん。先生たちに聞きたいんや。差別はどこから来たんやろ。なんで、ぼくは差別されなあかんのや。どうしたら差別の連鎖をやめられるんか。学者やったらちゃんと考えてくれへんか」。本当にそうしないといけないと思いました。A

さんとの対話から生まれたのが、「宗教と差別」というシリーズ全四巻です（法藏館、第一〜三巻既刊、二〇二二〜二〇二三年）。第一巻『差別の構造と国民国家』の巻頭言で、監修者として私はこう書きました。

本シリーズでは、自分こそが差別の当事者だという立場を取る。言うまでもなく、差別されてきた当事者としてではなく、差別を作り出す当事者としてである。「人間は差別を生み出す動物である」。それが基本的な姿勢と視点である。（二頁）

差別に「ノー」と言って自分を免責するのではなく、排除を無意識におこなう側に身を置いた者としての責任を、社会再編の構想に向けてどのように果たしていくのかが問われなくてはならないだろう。社会のマジョリティやエリートが被害者と自己同一化して、些細な自分の傷を肯定するといった過剰な自己愛のために、「私たち」という幻想が垂れ流される動きに終止符を打たなければならない。（三頁）

一緒に太鼓をたたく

Aさんが、自分が被差別部落の生まれだと知ったのは、中学一年生のときだそうです。同じ部落に住んでいる者同士はお互いに部落の話はしないし、小学校はみんな同じ村の子たちだから、気づかなかったそうです。中学校で、先生が人権副読本『にんげん』を読み、部落差別の苦しみや平等の大切さについて話しました。「部落の人ってかわいそうやな。何も悪いことしてへんのに、エタとか言われて。こんな不合理なことがあるかいな」とAさんは義憤を覚えたそうです。ところが、先生はこう続けました。「じつはこの学校にもそういう人の仲間がいる」。Aさんは「誰やろな」と思って、キョロキョロキョロキョロ見回したそうです。すると、自分と同じようにキョロ見回している子たちがいて、その子たちは全員同じ村の子でした。他の子たちは、どの子が部落の出身者か、親から聞いて知ってたんですね。Aさんはものすごくショックを受けて、悲しかったそうです。家に帰って、お母さんに「なんでぼくをこんな星の下に生んだんじゃ!」と言ってしまったそうです。そうしたらお母さんは黙って踵をかえしたそうです。お母さんも、子どものときからたくさんの差別を受けてきたのでした。そして、高校卒業後、彼は部落解放同盟に入って活動するとともに、ライフワークとして部落史研究を続けています。

一方で、Aさんは太鼓集団「怒《いかり》」の活動にも力を入れています。浪速は、太鼓づくりが盛んな町です。「太鼓の音が響き渡る町に」という願いのもと一九八七年に結成された演奏集団です。「怒」には、世のなかのすべての差別に怒りを、という意味が込められているそうです。全国で演奏活動を行っています。「被差別部落じゃないもんも、やらしてくれっちゅうんや」と楽しそうにAさんが言いました。「で、どうすんですか?」「ええがな、それでも。最初は部落のもんばつかりでたたいとったけど、誰がたたいたってええがな。太鼓たたいたらみんな一緒やがな。それでええやん」。ああ、それがAさんの答えなんだな、この人は誰も排除しない居場所をつくったんだな、と思いました。

第12章　居場所のなさを生き切る

藤間生大と東アジア

マルクス主義者・藤間生大

居場所がないってどういうことなのか？　そういう人生を見事に生き切った人がいます。藤間《とうま》生大《せいた》という、大正時代の始めの一九一三年に生まれて、二〇一八年に一〇五歳で亡くなった歴史家です。

彼は広島から東京にやってきて、一九三六年に早稲田大学を卒業し、出版社に勤めます。マルクス主義によって、一人ひとりが平等な社会ができると信じて活動しようとしました。しかし、一九三〇年代には日本共産党およびマルクス主義に基づいた運動は治安維持法で禁止されていました。ですから、彼は非合法、つまり隠れて活動しました。見つかったら捕まってしまいます。彼と仲間は、警察の目を逃れて歴史学の勉強会をしました。なぜ天皇だけが唯一日本のなかで主権なのか?と問うたのです。当時は国家主権で、今のように国民主権ではありませんでした。敗戦直前に、彼は中学校教師になります。

藤間先生の実家は、現在で言えば広島の原爆ドームに近い歓楽街にあったそうです。原爆投下により、家はなくなってしまいました。彼のご家族・親戚にも被爆して亡くなった方がいるそうです。平和への思い、平等な社会にしたいという思いはますます強くなりました。一九四六年に、広島で被差別部落の人たちに向けた講演をしました。彼自身は被差別部落出身ではないけれど、天皇制反対の側として日本で一番抑圧された人たちをちゃんと見据えていたんですね。

しかし、アメリカの赤狩り（共産党員や支持者を公職から追放すること）の影響を受けて、一九五〇年から日本共産党の人々は公職から追放されます。相前後して、朝鮮戦争が起こり、共産主義への警戒感が高まります。同時期、共産党は派閥争いによる分裂や武装闘争への傾きによって市民の支持を失っていました。公職追放は一九五二年のサンフランシスコ講和条約の発効（調印は一九五一年）とともに解除されましたが、その後、元の職場に復帰できた人は少なく、再就職も困難だったそうです。

こうした時期に、藤間先生は頼まれて一九五二年と一九五三年の衆議院議員総選挙に日本共産党から立候補しました。しかし、上述のように、共産党にとって不利な状況にありましたから、選挙には敗れてしまいます。さらに、彼は共産党員だということで、中学校の教師職も辞めざるをえず、その後長い間、就職できませんでした。彼が次に就職したのはなんと一九七一年、五八歳のときです。それまで彼は文筆によって生計を立てていました。妻が内職を経て、やがて学校相手の教材販売業を始め成功し、家計を支えたそうです。彼は自分に来た大学の就職口を親友に譲ったりもしていました。「自分のことばっかり考えると、かえって自分も不幸せになるよ。人のことを考えていると、自分は知らないうちに人に助けられて、なんとかやっていけるもんだよ」「ぼくは友だちに恵まれていたよ」と、藤間先生は晩年語っていました。

天皇制以前を想像する

藤間先生が有名になったのは、戦後すぐに出た『日本古代国家――成立より没落まで。特にその基礎構造の把握と批判』（伊藤書店、一九四六年）という本がきっかけでした。書評で大きく取り上げられて、これからの歴史学を示す明るい本として高く評価されました。人間はもともと平等だった。階級国家、つまり生まれ落ちた家の身分によってその人の能力が決められてしまう国家ができてから、私たちは不平等になった。この本で藤間先生はそう書いていると私は理解しています。

歴史学研究会、通称「歴研」と呼ばれている研究会があります。藤間先生と親友で古代・中世史研究者の石母田正《いしもだしょう》先生たちが作った学会です。大学という組織に所属しているか否かで、研究者である資格を判断することをしない、社会に広く開かれた学会です。一九五一年に歴研で、

「歴史における民族の問題」という大会が開かれました。一九五一年は、さきほど述べたように、サンフランシスコ講和条約が結ばれ、日本が国際社会に戻れることになったときです。藤間先生は、アメリカの言うことだけを聞いてはいけない、いろいろな国々と仲良く対等にやらなければいけないと、アメリカに追随する体制に反対をしました。そして、学問をとおして政治に介入しなければいけないという立場から、天皇制に従う前の日本民族について考えようとしました。一番上の立場の指導者こそが民衆の本当の気持ちに耳を傾けられなければいけない、そういう民衆に奉仕する存在が真に英雄と呼ばれるべきであると藤間先生たちは考えたかったのです。決して民衆を踏みにじる独裁者のことではありませんでした。

こうした姿勢は、彼を難しい立場に立たせました。アメリカに反対することで、政府からにらまれてしまいます。レッドパージによって職を追われたことは先に述べたとおりですが、共産党のなかでも仲間外れにされてしまいます。マルクス主義者が日本民族の伝統などを考えてはいけない、藤間は右翼だ、帝国主義者だ、裏切り者だ、と批判されました。戦争が終わってまだ六年でした。「民族」という言葉を聞くだけでも、嫌なことを思い出してしまう人が多かったんでしょう。しかし藤間先生は、誰にでも開かれた共同体、上から下を統制する天皇制ファシズムとは違う組織を構想するために、日本民族について考えたのです。

藤間先生は、石母田先生とともに戦後のマルクス主義歴史学をリードする存在でした。邪馬台国の卑弥呼の時代を描いた『埋もれた金印——女王卑弥呼と日本の黎明』（岩波新書、一九五〇年）、

『倭の五王』（岩波新書、一九六八年）はどちらもベストセラーになりました。金石文という刀剣とか印鑑などに書かれた文章や『魏志倭人伝』などの資料をもとに書かれた本です。戦前の日本社会では天皇制こそが日本民族の歴史的淵源をなすと古代神話に基づいて説かれてきましたが、藤間先生はその根拠がいかに曖昧なものであるかを歴史学と考古学を駆使して明らかにしたのです。

天皇制が社会に根づく以前の社会、それは特定の人に頼らなくても特定の権威に頼らなくても、個人個人が自分の意志と考えで主体的に生きる社会だったというひとつのビジョン――残念ながら私はこれはひとつの幻想と今は呼ばなければなりませんが――を社会に示そうとしたのでしょう。過去の社会がそうであったかというよりは、戦争への大きな反省から、これからは一人ひとりが天皇や国に頼らずに自分の判断で社会を支えていこう、という藤間先生の主張だと私は受け取っています。

東アジアと向き合う

五八歳のとき藤間先生は、熊本商科大学（現在の熊本学園大学）に就職します。石母田先生の紹介だったようです。「僕は九州に来て、まだ半分しか生きてなかったことわかったよ」と先生はおっしゃっていました。なぜなら、「東アジアという世界が目の前に開けていた」からです。彼は、『民族の詩《うた》』（東京大学出版会、一九五五年）という本で、朝鮮半島の人たちが大日本帝国によるつらい植民地時代をどう生きてきたかを考察しました。『東アジア世界の形成』（春秋社、一九六六年）という本では、日本史という一国史の枠をこえて、日本、中国、朝鮮半島の国際関係と国内の政治がいかに緊密な関係をもって展開してきたのかを書きました。彼のなかで東アジアというものが重要なものとしてあり、それが熊本に落ち着くことで、開花します。

長崎や諫早湾などの海岸部に出かけて行って、この海の向こうに東アジアがある、とよく口にしていたそうです。アメリカと東アジア、この二つのものの間で日本を見るというのは、二〇〇〇年代以降のポストコロニアル研究のなかで常識として根づいてきました。藤間先生はそれに先立ち、「東アジア」という言葉を定着させた人です。「東アジア」世界を古代史から近代に移して世に問うたのが『近代東アジア世界の形成』（春秋社、一九七七年）。それから、西欧列強の帝国主義と闘う東アジアの人々を描いた『壬午軍乱と近代東アジア世界の成立』（春秋社、一九八七年）を出しました。これらは『東アジア世界の形成』とあわせて「東アジア三部作」と言えるでしょう。

熊本で、藤間先生は、谷川雁《がん》という新左翼の人に出会います。谷川さんは森崎和江さんや石牟礼道子さんと一緒に、水俣病患者や炭鉱で働く人たちのために運動をしていました。谷川さんもまた、民衆の指導者であるとともに、民衆に奉仕する存在を「工作者」と名づけて、新しい組織のあり方を模索していました。英雄時代を唱えてきた藤間先生にとっては、とても近しい仲間に思えたのでしょう。藤間先生もまた彼らの仲間に加わりました。彼らにとっては学問とは中央のアカデミズムの独占物ではなく、日々の暮しのなかで欠かすことのできない智慧から生まれでる結晶物にほかなりませんでした。こうした出会いも、藤間先生の学問および日常生活を支えたことでしょう。

責任のある批判

私が藤間先生にお会いしたのは一九九八年のことです。私は『記紀神話のメタヒストリー』（吉川弘文館、一九九八年）という本のなかで、藤間先生と石母田先生について書きました。日本のマルクス主義者はなぜ民族主義につまずいたのか？という問題意識から、一九五〇年代の日本の民族主義を取り上げました。起源にまでさかのぼってユートピアを見いだすと、天皇制と同じロジックにおちいるのではないか、歴史学をメタからとらえれば、欲望を過去に放り投げた段階で歴史的伝統に訴える国家主義者たちに負けているんじゃないか、と私は批判しました。

すぐ藤間先生から私のところに手紙が来ました。「一度、熊本に来なさい。ゆっくり話そう」と書かれていました。熊本のお宅を訪ねていくと、先生は甚兵衛姿でにこにこと迎えてくれました。熊本名物である馬刺しの入ったお寿司もふるまってくださいました。

しかし議論になると、先生の目はギラッと光りました。

「きみは勉強が足りない。当時の社会のなかでどういう選択肢があったのか。当時の社会に生きていた人たちが民族主義以外で、アメリカに対抗できたかどうか考えたことがあるかな。きみは今の状況からぼくを批判しているじゃないか。本当に批判するには、その状況のなかで何が可能な選択肢で、どれを選べばよかったかを、きちんと時代をわきまえて研究しないといけない。人間は限られた選択肢のなかでしか生きられないんだ。

きみは、自分はなんでも知っていて、ぼくたちが当時、愚かだったように書いている。たしかに、後世から見たらそうかもしれない。もちろん、批判するのはかまわない。だけど、批判する言葉を用いるにはね、資格がいるんだ。きちんと学んで、自分の都合のいいように批判しないということだ。正しく相手を理解する努力をした人が、相手を批判できるんだよ」。

私は何も言うことができず、藤間先生の前に頭を下げました。そのとき、先生は優しく言ったんです。「一〇年黙って勉強しなさい。一〇年後に会おう」。先生はそのとき八五歳でした。

私は先生に言われたとおり黙って勉強して、一〇年後の二〇〇八年に『マルクス主義という経験――1930―40年代日本の歴史学』（青木書店）という共編著のなかで、もう一度、藤間先生と石母田先生の時代を取り上げました。今度は、藤間先生たちが置かれた当時の時代状況を丁寧に調べて、かつての流行の言葉に乗じた批判とは全然違うかたちでです。この論文を書くために、私は読むべき関連史料にはすべて目を通し、当時の事情を知る関係者に会うために全国各地へと足を運びました。後世の人間である自分の偏見で、藤間先生や石母田先生の時代の学問が抱えた状況を軽々しく判断しないように、少しでも当時の社会状況の孕む緊張を感じとるためです。

すると、先生から電話がありました。「よく頑張ったね。一〇年間、よく勉強した。だけど、ひとつだけ言っておく。これからのほうが、きみはつらいよ。本当に批判をするということを学んだから。相手のことをちゃんと理解して言葉を出す人間は遠ざけられることがある。だから次のアドバイスだ。きみは本当のことを言って、人から遠ざけられることを恐れてはいけない。せっかく目にした景色を、みんなと違うから見えないことにしようと思っちゃいけない。大丈夫だよ。ぼくは五〇年以上そうやって生きてきたから。恐れる必要はない。ただ覚悟をすることだ」。たしかに、それからの私は、周りの人たちと上手くやるよりも、本当のことをきちんと発言しようと自分に課したために、対立を抱え込むことを嫌う人たちは私から離れていきました。

でも、それこそが藤間先生が不遇な状況のなかでも、身を賭して守ろうとしてきた志でした。藤間先生が私に教えたかったのは、口先だけの頭のいい言葉を言うんじゃなくて、自分の言葉を生きる重さも引き受けなさい、ということだったような気がします。

希望の歴史学

二〇一六年、熊本地震が起きました。藤間先生の住む合志市にも被害がありました。藤間先生は無事でした。しかし、家は損傷を被り、大切な蔵書が散乱してしまい、先生は施設で暮らすことになりました。二か月前に奥様が亡くなり、気落ちされていた矢先の災害でした。施設に電話すると、先生は私に会いたがっておられました。地震から一か月後、先生に会いに行きました。

藤間生大

先生はとても喜んでくれました。施設の方や娘さんたちによると、奥様が亡くなったことと、震災のショックで、記憶に混乱があるとのことでした。たしかに、ちょっとピントのずれたことを言ったり、一日中横になっているような具合でした。「もう父は長くないのかもしれない」と娘さんは言いました。

しかし私が面会に訪れると、先生は目を覚まして、「東アジアにおける終末観の問題」について話しだしました。そして娘さんに「地図をもってきて」と頼み、地図を広げて、ゴビ砂漠を指さしました。

「中国の唐の都をずっと西に行くと、ゴビ砂漠だ。ゴビ砂漠をもっと向こうに行くと、西ローマだ。ここからキリスト教が入ってきたわけだ。キリスト教の終末観と儒教や仏教の世界観はどうなってたんだろうね。今の世のなかは希望がなくて、終末を迎えたような気さえする。でもぼくはね、終末にこそ希望が見えると思うんだよ」。

そう言って先生は力尽きたかのように、また眠りだしました。娘さんは泣いていました。「こんなに生き生きとしゃべった父は地震以来、初めてです」と言われました。学問というものが、人にもう一度生命を与えることがあるんですね。先生はそれからほどなく、自宅から本を施設に運び込んで、毎日読むようになりました。

先生はある日、私に電話をかけてきて言いました。「ぼくの最後の本を出してくれんか。まだ本にまとまってないものがある。そして君がぼくの伝記を書いてくれ。ぼくは君を信用しているから、君が批判することは受け入れるよ」。先生のために役に立ちたい、と思いました。それから急いで、本づくりにかかりました。若い頃の歴史学界を巻き込んだ論争であったけれど、いまだ本には収められていなかった英雄時代に関する論文や、六〇～七〇代のときに書かれた東アジアに関する論文、歴史の終末と救済に関する論文も収録しました。藤間先生へのインタビュー、私の長い解説も付けました。先生は何度も命の危機を迎えましたが、この生涯最後の本が刊行されるまで踏ん張り続けました。そして本が出来上がった二か月後、お亡くなりになりました。一〇五歳でした。その本が『希望の歴史学――藤間生大著作論集』（山本昭宏との共編、ぺりかん社、二〇一八年）です。先生が望んだタイトルでした。先生のお通夜の際、先生のこれまでの本とともに、この本も並べられました。「これを読み継ぐ人がいたらいいなあ」と娘さんに話されたそうです。

『希望の歴史学――藤間生大著作論集』

藤間先生は、一万五千冊もの本をもっておられました。地方の大学も公共図書館も、書庫がいっぱいで預かることができません。そこで、熊本の教え子である、実業家の山下敏文さんが藤間生大記念館をつくって資料を保管してくれることになりました。研究ノートや書き込みのある本、写真などはデジタル化をします。書誌データベースを多言語で作成して、カリフォルニア大学ロサンゼルス校、さらにソウル大学やチューリッヒ大学ともデータベースの共有をする方向で話し合いを進めています。熊本という地方から世界に通じる学問を構想し続けた藤間先生の、地方から世界への発信です。国内外の学者たちのネットワークがそれを支えます。遺志を引き継ぐというのはそういうことかな、と思います。

藤間先生が行くことのできた外国は中国、ポーランド、イギリスなどへの短期の旅行でした。藤間先生は時代の制約のなかで想像力を飛翔させて、自分の日常世界のなかに仲間をたくさん見つけて、最後まで希望を見失わず生を全うされました。亡くなったあとも、私や教え子たちを結びつけてくれています。生前から藤間先生は、自分が亡くなったあとに残される文章が来たるべき読者たちとの新たな出会いを紡ぎ出すことを信じてやみませんでした。

藤間先生は、居場所がないからこそ、いろいろな友人がもてた。居場所がないことを恐れなかったから、思索の旅を続けてこられた。そして人と人のあいだに、自分の心のなかに確かな居場所を見つけることができたのです。「藤間文庫」が、藤間生大の種を世界中にまいていきますように——そう願っています。

おわりに

夏目漱石の『こころ』（一九一四年）という小説があります。教科書にも載るほど有名なので、皆さんもご存知でしょう。私が高校生のときに読んで、強烈に印象に残った言葉があります。

私は何千万といる日本人のうちで、ただあなただけに、私の過去を物語りたいのです。あなたはまじめだから。あなたはまじめに人生そのものから生きた教訓を得たいと言ったから。

私は暗い人世の影を遠慮なくあなたの頭の上に投げかけてあげます。しかし恐れてはいけません。暗いものをじっと見つめて、そのなかからあなたの参考になるものをおつかみなさい。

（夏目漱石『こころ』角川文庫、一九五一年、一四〇頁）

これは「先生」という、主人公の尊敬する恩師のような人が、自殺をする前に書いた告白です。先生は、人間というものは自分も含めて醜いものだという、人生の暗い影に捕まって命を絶ってしまいます。でも、死ぬ前に、この「あなた」と呼ばれる自分よりはるかに若い、いつも自分を慕ってくれる人物に、自分がなぜ自殺するのか、なぜ人生に絶望したのかを打ち明けるのです。

不思議なことに、私には、これはひとつの希望のように見えました。先生は完全に絶望して自殺をしたのではない。誰かに自分の命を預けることができると思ったから、人生の始末を自分でつけられたのかなと思います。私は、自分の命を預けることができる存在を、「どこにもいないあなた」と名づけました。

こんな人には、私たちの人生ではなかなか出会わないかもしれません。万が一、出てくるとすれば、その人は「かけがえのないあなた」ということになるでしょう。でも現実には、仲のいい家族であれ、友だちであれ、恋人であれ、「先生」と「あなた」と同じように何でも打ち明けることはできません。なぜなら、暗い影を投げかけるというのは相手にとって負担になるからです。

しかし、そうであっても、私は「どこにもいないあなた」を探し続けることには意味があると考えています。その探求があったからこそ、私はいろいろな場所で、人生を共有できる人たちと出会うことができました。出会える条件というものがあるとすれば、それはイン・ビトウィーン（in-between）ではないかと思います。だから、私にとってイン・ビトウィーンは居場所のない人たちが出会う橋です。どこでもない場所であると同時に、どこにもいないあなたに会えるかもしれない場所です。

二年前、ドイツの友人から手紙が来ました。

「あなたは二〇一〇年に私の大学に教えにやってきた。その後も、ヨーロッパやアメリカ、韓国や中国を行き来している。日本のなかでは被差別部落という見えなくされている場所に足を運ぶようになり、そして二〇一一年に東日本大震災が起きたあとは、死んだ人と生きている人の世界を行き交うようになった。世界を旅するというのは、地理的な空間だけではなく、死んでいる人、生きているけれど顧みられない人の世界にも行くことなのだと、あなたを見ていて思います。私はあなたの旅に励まされています」。

うれしい手紙でした。私は彼女に支えられていると感じました。

居場所はどうも与えられるものではないみたいだと、ここまで読んできたあなたは感じているのではないでしょうか。そう、人が支え支えられる場所は、あなたがつくることができる。あらかじめ決められている世界なんか存在しない。日本人らしいとか、女らしいとか、男らしいとか、そんな決まりは存在しない。自分が感じて、考えて、決めていく。そのためには、与えられた場所から出なければならない。それに必要なのは勇気、孤独であることを恐れない気持ちです。

もし与えられた場所が居心地のいいものだったら、そこを出る必然性を感じることはないでしょう。でも、あなたは、この本を読んでくれているあなたは、今いる場所に何か居心地の悪さを感じているのではないでしょうか。国と国の隙間、人と人の隙間、自分と自分の隙間に気がつき、不安な寂しい気持ちをもっているのではないでしょうか。でも、そこからがスタートです。

工藤あゆみ『はかれないものをはかる』（青幻舎、二〇一八年）という絵本があります。「この闇を照らすのに十分な電球のW数を測る」「僕の希望と君の希望との距離を測る」「あなたが去った後の静けさをはかる」。考えだすと、おもしろいですね。「翻訳不可能なものの翻訳」と難しい言葉で表現してきましたが、簡単に言うと「はかれないもの」を一緒に置くテーブル、それを居場所だと言ってもいいかもしれません。私たちは人との出会いにおいて、そのテーブルをひとつひとつ、つくっていけばいい。シュルレアリストが賛美した、ロートレアモンの詩句「手術台の上のミシンとこうもり傘という偶然の出会い」のようにです。

私はいろいろな国を巡ったと言いましたが、ロシア、中東、アフリカ、南米の国々にはほとんど行ったことがありません。私が行ったのは、イギリス、ドイツ、フランス、スイス、アメリカ、韓国、台湾、中国、シンガポールなどです。これらの国は、日本が近代化を経験するなかで影響下に置かれたり、影響下に置いてきた――はっきり言えば植民地にしてきた――国々です。これはどういうことでしょう。私の旅もまた、日本の近代国家の枠内にある経験でしかないということです。だから意味がない、ということではありません。私もまだ本当の意味で日本という鳥籠を飛び出していない。逆に言えば、今からでももっと飛び出すことができるということです。

私よりずっと若い世代の皆さんには、私よりもさらにジャンプしてもらいたいと願っています。行く先々で必ず向き合うのは、エドワード・サイードが言う非対称な関係性です。世界は決して平等ではない。その平等ではない世界のなかで、個人としてどう人々と向き合うか。それには勇気と努力がいります。

サイードは聖ヴィクトルのフーゴー（スコラ哲学者）の言葉を著書に引用しています。私の大好きな言葉です。

故郷を甘美に思う者はまだ嘴の黄色い未熟者である。あらゆる場所を故郷と感じられる者は、すでにかなりの力をたくわえた者である。だが、全世界を異郷と思う者こそ、完璧な人間である。

（『オリエンタリズム（下）』今沢紀子訳ほか、平凡社ライブラリー、一九九三年、一三八頁）

サイードは「旅する理論（traveling theory）」と言いました。理論というのは私たちがものを見る視点ですから、ずっとものを見るためには、永久に旅を続けなければいけない。

わたしはときおり自分は流れつづける一まとまりの潮流ではないかと感じることがある。

（エドワード・サイード『遠い場所の記憶――自伝』中野真紀子訳、みすず書房、二〇〇一年、三四一頁）

ここまで、私の旅につきあってくれてありがとう。

世界というのは、私たち一人ひとりが紡ぎだした幻想であると同時に、お互いに理解困難な他者として不思議な出会いを可能にする空間の呼び名でもあります。世界の理解困難さの正体は、じつのところ、自分自身という存在の理解しがたさに由来するものです。その理解しがたさにたじろいではなりません。それこそ、私たちの旅を深く豊かなものにしてくれるからです。

不均質な、非対称的な、つねに不平等なこの世界を、生きのびていきましょう。誰の声を聴いて、誰に自分の本当の声を聴かせるのかを考えながら。居場所のないあなたには、世界という観念も変えうる可能性があるのです。

あとがき

本書にもとになる「会話」は、新型コロナウイルスが猛威を振るっていた二〇二一年八月から一二月にかけて行われました。高校生をはじめとする若い読者に届く本を作りたいと考えていた私は、世界思想社編集部の川瀬あやなさんと何度も話しあいをした結果、パンデミックをきっかけに世界中で広まったオンライン会議システムを利用して、各テーマの会話を録音していくことにしました。

録音技術に長けたマッサージ師の須之内震治さんが会話を収録し、聞きやすい形に音声データを整えてくれました。その音声データをフリーの編集者である伊藤桃子さんが読みやすい文章に起してくれました。このお二人にも時間のあるかぎり、私と川瀬さんの会話に参加していただき、なるべく多様な聴き手を念頭におきながらセッションを進めていきました。文章になったものを川瀬さんが大幅に編集して本のストーリーを明確にし、その編集原稿に私が加筆修正をして仕上げていきました。こうした共同作業のもとで本をつくることができたことは大きな喜びです。そうです。この本は、この四人の共同作業を通じて、四人の対話として成り立ったのです。それぞれ固有の人生の歴史と経験を有する者たちが成す空間から響き渡ってきた声を文字にしたものが、この本なのです。その文字を通して開かれる世界は、固定化された内容として閉ざされたものではなく、読者一人ひとりの参加の仕方によって、どのようにも読み広げられていく潜在的可能性を秘めています。

だから、私の本に正解はありません。私はこの本で、さまざまな先人たちの言葉や思想を紹介してきました。そして、これらの言葉や思想に対する私なりの向き合い方を語ってきました。しかし、あくまで私はこう考えたということを提示したにすぎません。ですから、皆さんもこの本のなかに「正しい答え」を探そうとしないでください。ここに見いだせる世界は、皆さんの参加の仕方でどのようにも変わりうるものなのですから。

私がしたかったのは、多様な他者と出会う広場をつくることです。夏目漱石とデヴィッド・ボウイとか、ジークムント・フロイトとエドワード・サイードとか、タラル・アサドと酒井直樹といった人物を同じ場に並べて、私なりの広場をつくってみました。その広場で、スチュアート・ホールやガヤトリ・スピヴァク、尹海東や藤間生大らに出会うとき、あなたは今まで気づいていなかったもうひとりの自分に出会うでしょう。どの人に惹かれるのか、どの人とどの人の間に立つのか、立つ場所のとり方があなたらしさです。

ここに紹介した人たちの本は、ときに難しくて歯が立たないかもしれません。それでも、興味を感じる人がいたら、その人の書いた本やその人について書かれた本を読んでみてください。本を木だとすれば、あなたの周りにはたくさんの木が生えています。木と木の間を歩きながら、気に入った木に話しかけてみてください。自分の哀しみや不安を投げかけてみてください。そのとき、どんな声が聞こえてくるか、それをどう受けとめるか。それは、もはやあなた自身の物語なのです。

人が自分の心のなかにそのような森を抱えているならば、居場所がなくなることはないでしょう。もし、居場所がなくなるとすれば、それは他者の示す「正しい答え」を求めて、自分らしさを捨ててしまうときではないかと思います。人間には表と裏があります。そして裏の部分はとても大切なものです。心のなかに自分だけの秘密の場所をつくって、その場所を大切に育ててください。

いつか、その心に秘められた物語に寄り添ってくれる人に出会う日が、あなたに訪れることでしょう。その人が現実の身近な人物であるにせよ、過去の歴史上の人物であるにせよ、あるいは物語のなかの登場人物であるにせよ。そしてなによりも、あなた自身が、居場所を見つけることができず苦しんでいる人に出会ったときに、彼らの、彼女たちのかけがえのない存在として、その闇と光の双方を含めて、受けとめる相手になることができるのではないでしょうか。

自分が相手に求める以上に、自分が相手に何を与えることができるのかを考えられるようになったとき、私たちを取り巻く世界は、無数の木立ちがそこに宿る鳥たちの声を響き渡らせる、豊かな空間へとその姿を変容させていくことでしょう。

本書を刊行するにあたって協力してくださった、ガヤトリ・スピヴァクさん、タラル・アサドさん、マリオン・エガートさん、酒井直樹さん、西川祐子さん、尹海東さん、金哲さん、全成坤さん、浅居明彦さん、新井知子さんたちに深く感謝申し上げます。

〈おしらせ〉

●本書には、紙版と電子版があります。

●本書（紙版）をご購入いただいた方のうち、視覚障害、肢体不自由などのため、本書のテキストデータが必要な方には、メールによる添付ファイルにて提供いたします。お名前・ご住所・お電話番号・メールアドレスを明記した用紙と「テキストデータ引換券」（コピー不可）を同封し、下記宛先までお送り下さい。

●テキストデータについて、内容の改変や流用、転載、第三者への譲渡、その他営利を目的とした利用はお断りします。

〒606-0031 京都市左京区岩倉南桑原町 56
世界思想社「居場所のなさを旅しよう」編集担当

居場所のなさを旅しよう
テキストデータ引換券

著者紹介

磯前順一（いそまえ じゅんいち）

1961年、茨城県水戸市生まれ。国際日本文化研究センター教授、磯前プロジェクト室主宰。静岡大学人文学部日本史・考古学専攻卒業。東京大学大学院人文科学研究科宗教学専攻博士課程中退。博士（文学）。専門は宗教学、批評理論。著書に『近代日本の宗教言説とその系譜』（岩波書店）、『閾の思考』（法政大学出版局）、『死者のざわめき』（河出書房新社）、『昭和・平成精神史』（講談社）、『公共宗教論から謎めいた他者論へ』（春秋社）、『石母田正』（ミネルヴァ書房）など。「シリーズ宗教と差別」全4巻（第1～3巻既刊、法藏館）を共同監修。

教養みらい選書　008
居場所のなさを旅しよう

2023年11月20日　第1刷発行　　定価はカバーに表示しています

著　者　磯　前　順　一
発行者　上　原　寿　明

世界思想社
京都市左京区岩倉南桑原町 56　〒606-0031
電話 075(721)6500
振替 01000-6-2908
http://sekaishisosha.jp/

（印刷 中央精版印刷）

ISBN978-4-7907-1786-7

教養みらい選書

001
僕がロボットをつくる理由
未来の生き方を日常からデザインする
石黒　浩

衣食住から恋愛・仕事・創造の方法まで、自身の経験や日々の過ごし方を交えて、「新しい世界を拓く楽しさ」と人生を率直に語る。

002
食べることの哲学
檜垣立哉

動物や植物を殺して食べる後ろ暗さと、美味しい料理を食べる喜び。この矛盾を昇華する、食の哲学エッセイ。隠れた本質に迫る逸品。

003
感性は感動しない
絵の見方、批評の作法
椹木野衣

子供の絵はなぜいいのか？美術批評の第一人者が、絵の見方と批評の作法を伝授し、批評の根となる人生を描く。書き下ろしエッセイ集。

004
音楽と出会う
未来の生き方を日常からデザインする
岡田暁生

食べる・着る・話す・想像する・働く・信じる、6つの身近なテーマから、ロボットと生きる未来まで、自身の経験を交えて率直に語る。

005
賀茂川コミュニケーション塾
谷口忠大

コミュニケーションって何だろう？京都・賀茂川沿いの喫茶店エトランゼを舞台とした、教授と女子高生とが語り合う、ひと夏の物語。

教養みらい選書

006
二枚腰のすすめ
鷲田清一の人生案内
鷲田清一

読売新聞の人気連載「人生案内」から71の名問答を厳選。回答を裏打ちする人生哲学「二枚腰のすすめ」を書き下ろし。付録に自筆年譜。

007
人、イヌと暮らす
進化、愛情、社会
長谷川眞理子

イヌは世界をどう認識している？そもそもイヌの起源は？イヌと暮らせば、愛がある、学びがある。進化生物学者が愛犬と暮らして学んだこと。